田中克彦自伝

あの時代、あの人びと

平凡社

カバー　小学校入学時の著者
表紙　著者の東京外国語大学卒業論文（昭和三一年度）の表紙と本文

目次

まえがき

今から三〇年ほど前のことだ。ぼくは、国立民族学博物館（大阪にある）の一行と、モンゴル北西部ホブド地方の草原に宿営していた。そこへ、この僻遠《へきえん》の地の中学校で地理の教師をしているという、まだ二〇歳を出たばかりの若い女性が訪ねてきた。そして、日本に行って地理学を勉強したいと告げたのである。

一行の中の一人、加藤九祚《きゅうぞう》氏が、あんた地理学ならロシアの方がすすんでいるんだ。ロシアはそこの国境を越えたら、すぐじゃないか、そこへ留学すればいいじゃないかと言った。

たしかに、ホブドは、トゥバとともに、一時期ロシアが併合しようと狙っていたとモンゴル人たちが言うくらいに、ロシアに近い。だからといって、せっかく日本に来たいという志ある若ものに、ロシアに行けとはひどいじゃないか。加藤さんはシベリアで捕虜になってさんざんな目にあったくせに、こんなにロシアにかぶれてしまい、ついにシベリアや中央アジアを掘る専門の考古学者になってしまった。今こうして、この文章を書いているさなかにも、九五歳の体をひっさげて、タシケント近くの遺跡を掘っているかもしれないほどのシベリア・中央アジア魔だ。

ぼくは、かっときた。加藤さん、あんた何言ってるんだ、ロシアはたしかにいいとは思うが、日本にだって伊能忠敬とか間宮林蔵のような人がいたんだ。日本に来たいという殊勝な若ものにむかって、ロシアへ行けとはひどいじゃないか。あんたのような年寄りはもう黙ってた方がいいよと言ったのである。すると加藤さんは、ぼくたち二人で空けた、七本くらいのワインの瓶の一本を振り上げて、なに！　あんたはわしを年寄りだと言ったな！　許さんと、本気で殴りかかろうとした。

　この年寄りが振り上げた腕を見ると、酔いで真っ赤になり、そのうえ毛が生えていた。ぼくにはその腕が子どもの時、絵本で見た赤鬼が持った金棒そっくりに見えてこわくなり、争うのをやめた。

　あの時、ぼくは五〇代の半ば、加藤さんは七〇にさしかかった頃であったろうか。今ぼく自身が「年寄り」どころか、ジジイと言われても惜しくはない八二になった。なってみて、あの時、加藤さんがかっとなった気持ちがわかるようになったけれども、といって決してかれに同意する気はない。加藤さんは、かれの時代特有の権威主義で自らをしばっている――これがぼくを育てた時代の感覚である。

　一八世紀のドイツの思想家ヨハン・ゴットフリート・ヘルダーは二五歳の時、「老人の魂は新たな印象をもはやほとんど受け入れない。魂は閉ざされ、新たな経験をする気もほとんどなく、あまりに臆病で、新たな教示にもそれ以上は柔軟に対応できず、教育にもいわば飽き飽きしている」と書いた。では老人が活発にふるまえばどうなるか。

「老人はおしゃべり屋で言葉だけの哲学者だ。老人は自分の経験を弱々しく冗漫で不明瞭な説教口調で語るため、つい〈常套句〉だけになってしまう」（『ヘルダー旅日記』嶋田洋一郎訳、九州大学出版会）。

これは、いま老人と呼ぶのに不足はない年齢に達したぼく自身が、老人学者に投げつけたいことばだ。モデルはいくらでもいる。ぼくが老人であることは、自分ではわからないが、これら身のまわりのモデルを通して、自分を鏡に映したかのように、そうだとわかる。それにもかかわらず、こんな自伝を書こうとするのはどういうわけだろう。それは、いまのように老け込んでしまった社会、若いままに老いてしまった人たちの目にうつるであろう、ぼくの自己弁明のためである。

＊

ぼくに自伝を書いたらどうかという提案は三年ほど前からあった。それを聞くたびに、ぼくはまだ七〇代なのに縁起でもない、そんなものを書いてしまえば人生もそこでおしまいになってしまいそうな気がしたのである。

しかし八〇歳をこえると、まわりの親しい友人たちが相ついでこの世を去っていくという現実に直面することが増してきた。いずれも、ぼくはあの頃じつはこんなことを考えていたんだよと語っておきたい人たちだった。

その一方で、若い人たちからは、自伝はまだですかとたずねられる機会も増してくるようになり、やっぱり書いてみようかという気にもなった。

そこでぼくが書きたいのは、自分のことというよりも、ぼくが育った時代に生きていた人たちの暮らしぶりである。それをぼくはぼんやり眺めていただけであったが、その眺め方は、他の人たちと、いくぶんちがった眺め方をしていたことに最近になって気づくことが多い。

ぼくは生涯を大学で暮らす、いわば学者として過ごしたけれども、ぼくの注目の中にあったのは、そういう特別な職業人ではない、ふつうの人たちの暮らしであった。なぜそうなったかといえば、自分が言語学という、ふつう人間なら誰でも話していることばを中心に考える習慣がしっかりと身についてしまったことによるだろう。そのせいで、ぼくは高度な抽象的世界にむかって飛翔できる能力を、わざわざ失うようなしかたで学問をしてきたという、ちょっと変わったスタイルが身についてしまっている。

言いかえると、学問は上へ上へと高みを目ざしてよじ登る方向をとるのに、ぼくのは、わざわざ下を目ざして降りていく好みにとらわれている。こういう人の書く自伝には、人の向上心を刺激するような効果は乏しいかもしれないけれども、それなりに、かえって深い真実にふれるきっかけになるかもしれない。

考えてみれば、ぼくには世間に誇れるような栄誉もなければ業績もない。けれども、ぼくのまわりには、大変おもしろい人たちがいたから、その人たちのことを書かずに死んでしまったら惜しい。それに何よりもあの時代のことを。

つまり、ぼくは、ぼくという、かなりいびつな人間を通して、あの時代の人々のことは書いておかねばならない。これはいまのうちに書いておかねば、ぼくが死んだら永遠に失われてしまうにちがいない、大げさに言えば日本民族の経験と知識だ。

こう考えて、ぼくは「自伝」を書くことが無駄ではないと自らを説得し、それととり組むことにした。だが問題がある。ぼくはもともと数字が苦手だ。だから年月日などを含めて、そのような細部への正確さへのこだわりは最初からすてて、思い出したことをとにかく点描的に記していくことにした。

第一章　但馬から

薄明のなかの幼少時代

ぼくはどこから生まれたか

偉人や賢人、いや、それほどえらくない人の伝記でも、幼いときにこれこれの忘れられないできごとがあったとか、それをどう感じただのとかと記してあることがあるが、ぼくにはそのようなことが全くない。すべてがぼんやりとしていて、すこし気取った言い方をすれば、薄明のなかにある。そうなのだが、それにもかかわらず、まるで自分が絵のなかに描かれ残っているような、鮮やかなシーンがある。それはかなり変なのだが、そこからはじめよう。なぜ変かというと、突然そこから自分が存在しはじめることになるからである。

それは、せせらぎが聞こえるくらいに川幅のせまい流れに沿って生えている桑畑のそばの小径だった。そしてぼくは祖母——おばあちゃんと呼んでいた——の背中に負われていた。

こんな平凡な風景や状況など、おぼえている意味もないほどのものだが、それでもおぼえているのは、その時おばあちゃんの発した質問があまりにも唐突で異様だったからだ。

おばあちゃんは突然、「あんた、どこから生まれてきたか知っとるか」と聞いた。

ませた子どもが、ぼくはどこから生まれたのなどと親に聞いたとして、その時に答えることばはいろいろと準備されている。西洋ではこうのとりが連れてきたなどなど。しかしこのような質問を発することは大人が教えているのであって、子ども自らは決してそんな疑問を抱くわけではない。自分はただここにいるだけだと思っているにちがいないからだ。

で、ぼくは、突然発せられた祖母の質問じたいが変だと思ったはずだ。単に「知らん」と答えた。子どもはことばを発したとしても、そんなことをおぼえているはずはない。第一、「生まれる」というのがどういうことか、子どもにはわからないから、質問じたいに意味がない。ぼくの答えに、祖母は、おしつけるようにこう言った。――それはなあ、おばあちゃんのこの背中から生まれたんだぞ。

ぼくには、そんなことはあり得ないことだと思われた。負われている背中、つまりぼくの胸にあたっているところには、硬い背骨が通っている。こんなところから何かが出てくるはずはない。と思っていると、祖母は、そばの桑の木の、幹の根元のあたりを指さして、ほらここを見てと言った。そこにはせみの抜けがらがとまっていた。その茶色のすきとおった抜けがらの、背中のまん中には、たてに裂け目が入っていた。ほら、このとおり、おばあちゃんの背中もこうして割れてなあ、克彦、あんたもこのセミみたいに出てきたんだ。ぼくは「ふうーん」と言って受け入れるしかなかった。

この説明は実物にもとづいていて実証的であり、変だと思っても、うむを言わさぬ説得力があり、いっさいの反論を封じていた。川沿いの桑畑で起きたこのできごとは忘れられない。背中に背負われていた頃だから、ぼくは三、四歳だったろうか。ぼくの人生はそこからはじまった。

おばあちゃんは読み書きをしなかった。本も新聞も読んでいる姿を見たことがない。朝起きてから寝るまで、一日中大家族の食事をつくっていた。それにもかかわらず、ほとんど感謝されず、家ではあまり重んじられていなかった。ぼくの父を長男として男四人、女三人の子どもを生んだのに、その中の男二人は、親戚だか、どこかに、奪うようにして持っていかれてしまったという話だ。その男たちも、長じてから、他家に連れていかれてしまったことをよく思っていなかった。ぼくは、呉だの神戸だのにいる、そのおじさんたちのところに泊まりに行ってよくしてもらった。一人は神戸高商に入れてもらったから、貧しい田中家にいるよりはよかったかもしれないが、呉の方は海軍の帽子屋さんになったからと、少しひがみっぽかったが、その息子の代になってテレビに出て話題になった。

向島の灯がちんがりちんがり

ぼくは祖母の背中で、いろんな歌やわらべ歌を聞いた。その歌や話の中に、聞いたこともない地名が現れた。なかでも、毎日のように聞いたのは、「向島《むこうじま》の灯《ひ》がちんがりちんがり」というものだった。

その頃から戦争中にかけて、山にはイノシシが現れた。若い男たちが兵隊にとられていなくなったために、イノシシが我が物顔で、山をのし歩くようになったという。老いた男たちは、山腹の林の中でたいまつをかざして、イノシシを追っていた。夜のことだ。街灯というものは全くなく、夜の明かりは月と星とたいまつだけだったから、夕闇が降りた後、遠くの山をあちこちと動く、六、七本のたいまつの明かりを眺めているのは、映画もテレビもない、山村の暮らしには、ささやかな楽しみだった。

その、イノシシを追うたいまつの見える「ちんがり」山のさらに奥は、何がいるかわからないおそろしい奥山だった。そこから、ちょうど節分の夕暮れ時、豆まきをする頃になると、きまって、山ぞりのようなものに乗せられた凍死体が降りてきて、ぼくの家の前を通っていくのだった。それが二、三日続き、そのつど山ぞりは一台ずつだった。それをおおったシートの上には雪がつもっていた。

おとなの説明によるとこうだった。――山のずっと奥の方は背の高いささにびっしりとおおわれていた。スキーヤーはそのささ原に迷い込むと、道がわからなくて、もう出てこられなくなる。迷いに迷い、疲れ果てて、動くこともできなくなり、ついに凍死してしまうというのであった。

そんなところにわざわざ出かけて死んでしまう人とは、いったいどんな人だろうかと思った。日々の生活に追われている土地の者には、わざわざそんなところに出かけていくなど、想像もできない気まぐれ沙汰だった。おとなの説明によると、神戸の辺で、専門にスキーをやっている、いまで言えばベテランなのだ。神鍋《かんなべ》というところまで行けば、ちゃんとゲレンデがあって滑れるようになっているのに、わざわざささの繁っているやぶを選んで滑るのは、よほどのベテランだと、その後ぼくは思った。それにしてもそんなところで。その物好きな、スキー滑りの専門家が、祖母の言い方に従えば、その「ちんがり山」の向こうから凍死体になって降りてくるのだ。

その専門家たちが凍死にいたるまで、どのようにして最期を迎えるのかを、まるで現場にいあわせて見たかのように、身ぶり手ぶりで話すのが母親だった。

それによると、三人ほどのスキーヤー仲間が迷い込んだ深いささやぶの中で、わずかな燃料で最後のたき火をして、これから眠ろうとしている。そこにどこからともなく、別のスキーヤーが現れて、「あんたたち暖かそうな、ええ物着とるなあ。一枚、私に貸してくれないか」と頼む。そこでやむなく、外套を渡す。しばらくするとまた、その見知らぬ男は、まだ寒い、もう一枚脱いでくれないかと頼む。このようにして、身につけているものを次々に渡していき、結局身ぐるみ脱がされてしまう。かれらが発見されたとき、みなはだかで死んでいるのは、このようなわけだと――。

そんなことがあるかいと思いながらも、ぼくには、雪に閉ざされた悲劇のささ原の光景が、まるで、こんどは、自分で見たかのように、ぼくの心象風景の中に焼きついているのである。

で、「灯がちんがりちんがり」の話にもどろう。「むこうじまって何だ」と、後になって東京からもどってくる父に聞いたところ、それは東京の隅田川の近くに向島というところがあるんだ。おばあちゃんは娘の頃、どうやらあのあたりに住んでいたらしいんだと説明してくれた。

それから父はまた、祖母は娘時代に、向島近くのどこかで、陸軍の軍服をつくる工場――被服廠《ひふくしょう》と言った――で、軍服のボタンつけをしていたと話してくれた。そこの被服廠の女工さんだったらしいのだ。最近その場所がわかって、祖母の娘時代の生活が現実感をもって明らかになってきた。それにしても、岡山のどこかいなかで育った娘が、どうして、東京の被服工場で働くようになったかは、聞いてみても誰も知ってない。ふしぎなことだ。

父は、あの人はあまり育ちのいい人じゃないらしいと言ったきりだ。だけど自分の母親じゃないか。母親のことをまるで他人を語るかのように、そんなふうに言っていいものだろうかと心のうちに思った。

育ちがよくないかどうか知らないが、祖母のいとこに竹下義晴という、関東軍で満州国のモンゴル民族政策を担当した陸軍中将がいるというから、それほど最下層の人というのでもなかろう。おばあちゃんからは、このヨシハルさんの家にモーコの徳王という王様が訪ねてきて泊まったことがあるという話を聞いた。この話はたぶん、兄弟の中でもぼくしか聞いていないようだ。この竹下中将がまだ存命だった一九七〇年九月、ぼくはこの人が仕事をしていた新橋の善隣協会というところに訪ねた。ヨシハルさんは、ああ、あんたはふさのさんの孫かいのう、と言ったから、おばあちゃんのいとこというのはほんとうらしいということはわかった。

ヨシハルさんの話によると、満洲でソ連軍につかまってモスクワに連れていかれ、二年ほどいた。その間何をしていたのですかというぼくの問いに、毎日、ソ連の若い学者たちが私のところにやってきて、日本の年中行事だの風俗習慣のことをいろいろたずねて、博士論文を書いたらしいよ。待遇はよく、大事にしてくれた。で、二年ほどたって日本に帰してくれたのは、もうわしに話すことがのうなって、そのままソ連に置いといても役に立たんようになったかららしいと言った。

モンゴル研究者となったぼくにとって、これはたいへん珍しい話だった。一九三七年、測量士と写真師を連れて、国境付近で測量をしていた。その場所はどこでしたかと聞いたところ、ユクジュール廟だと、はっきり答えた。その頃のモンゴルではスターリンの命令による大粛清が行われていた。そしてその二年後、「ノモンハン事件」が発生したのだった。

義晴さん一行はモンゴル軍の国境警備隊につかまって、ウランバートルに連れていかれた。それでどうだったんですかと聞くと、四日ほど留置されてから、また同じ越境地点まで連れもどされた、そこで釈放されたよ。礼儀をつくして大事にしてくれたよ。

それにしてもあんたの質問のしかたは、ソ連人やモンゴル人がやったやり方とそっくり同じだなあ、どうしてなんだ、ときげんが悪くなった。しかしぼくは嬉しかった。ぼくの質問のしかたは彼らに負けないくらいうまいんだと。しかしその時ぼくが記録したメモはほとんど残していない。その後竹下中将の息子さんが、ぼくの学んだ戸山高校の二、三年上級にいたことがわかっている。

文字を知らないゆえの賢さ

ぼくの生みの親であると主張するおばあちゃんは、ほんとうは文字知らずではなかったと思わせることがあった。それは、ぼくが学生になって間もないころであって、彼女から手紙を受け取ったのである。手紙は、ぼくが見たこともない文字――漢字とひらがなの中間のような文字で書いてあって、これが万葉がなと呼ばれているものだとあとで知った。これは彼女が東京に出る以前、岡山のいなかにいたころ、寺子屋のようなところで学んだ唯一の文字だったと想像する。家のなかでもめごとが起きると、何であれ、おばあちゃんの側に立って弁護するぼくに去られたさびしさのあまり、昔の記憶をよみがえらせて、いっしょうけんめい書いたのだろう。彼女は、この文字を少し学び、その時点で、彼女の勉強はすべて終わってしまったのだ。

ぼくのおばあちゃんには、セミの抜けがらを用いて説明する実証主義のほかにも、たいへん心打たれる話があった。ぼくの町には当時お医者さんが二軒あった。二軒しかなかったと言うべきであろう。比較的近いところにあったお医者の奥さんが、つんとすましながら、ときどきぼくの家の前を通っていく姿を祖母は見たという。おばあちゃんには、その気取った奥さんに一杯食らわしてやりたいという、かねてからの秘めたる願望があったらしい。

祖母は、こわれて捨てることになっていたガマグチ（祖母のことばではそうだが、ぼくの地元ではサイフと言っていた）を、ただ捨てるのはもったいない、これを有効利用しようと考えたのだろう――それに馬糞をぱんぱんにつめて、道路わきに置いておき、それを誰が拾うか、そっと観察したという。馬はよく前の路を車を引いて通ったから、馬糞を手に入れるのは簡単だった。

祖母はそのガマグチを誰が最初に拾うかを、電柱のかげにかくれてじっと見ていたところ、その、気取ったお医者の奥さんがさっと拾いあげたというのだ。奥さんは、中を開けて見てから、すぐに捨てたと、そのありさまをぼくに話してくれた。祖母はこの成功がとてもうれしかったらしい。まるで目に見えるように何度もおもしろそうに話してくれた。

ぼくとしてはもっと話したい、このような事件が他にもあるけれど、前にすすめるために割愛せざるを得ない。

ぼくがこの祖母を通して学んだのは、字を知っているかどうかということと、その人の頭のよさとは関係ないということだった。どんなに漢字をたくさん知り、またきれいに書いても、それはそれきりのことであって、むしろ、文字を読まぬ人の方が、他者に依存せず、自分で考える能力においてすぐれていると述べているのは、プラトンの対話篇『パイドロス』の次のくだりだ。

彼ら［文字を学んだ人たち］は、書いたものを信頼して、ものを思い出すのに、自分以外のものに彫りつけられたしるしによって外から思い出すようになり、自分で自分の力によって内から思い出すことをしないようになるからである。……すなわち、彼らはあなたのおかげで、親しく教えを受けなくてももの知りになるため、多くの場合ほんとうは何も知らないでいながら、見かけだけはひじょうな博識家であると思われるようになるだろう……。（『パイドロス』岩波文庫、一三四－一三五ページ）

右のことを想起する例として、一九三〇年代だったか、キルギスタンの口頭伝承——英雄叙事詩マナスの伝承者のことを伝えた研究論文がある。この伝承者はすべてを語りつくすのに二か月ほどかかったと考えられる長編の叙事詩を知っていたという。そこで採録者は、自分が聞いて書き取るよりも、語り手自身に文字をおぼえさせ、本人に直接書いてもらった方が作業は簡単だと思って、文字を教えた。ところが語り手は、文字を覚えるや否や、おぼえていることをすべて忘れ去ってしまったという。

また、ドイツの古い民話を集めたヤーコプ・グリムは、学校にも行ったことがなく、村を出ることもまれで、ずっと家の中で孫の世話などして生涯をすごしたおばあさんたちを選んで伝承を集めたという。文字は記憶のじゃまになり、人間の自立した精神活動をさまたげるものだ——こうした、ドイツ・ロマン主義的考えにふれたことによって、ぼくの祖母は、グリムに話をしたおばあさんと重なってきた。

こうして、文字に固定されず、文字のしばりを受けないことば——すなわち「言語」を研究対象とする言語学の目ざすところがぼくの前に生き生きと現れてきたのである。

ぼくの氏素性について

生まれた場所と状況

えらくなった人、とりわけ学者の伝記を見ると、みな由緒ただしい家系の来歴なんかがものものしく書いてあって、もう五歳から四書五経の素読《そどく》をはじめたとか、そして、幼少の頃からすでにただものではない、まわりの大人たちを驚かせるようなひらめきを示したなどと書いてある。こういう偉人は、常人がもう子どもの時から追いかけてもどうにもならないへだたりがある。そのへだたりはあまりにも大きいから、もしかしてたぶん親が、おじいちゃんはえらかったのよなどと教え込んだのであろう。でも妻が夫をほめたたえることはめったにない。というのは、ほんとに学問や芸術に身をささげた夫などというものは、妻にとっては楽しくない存在であったことは、ヘッセやロマン・ロランの奥さんなど多くの実例が示している。とりわけ、かれらの妻たちは、夫がどんなであったかを、自分にとってつごうよく見せかけるために、日記や原稿のある部分をかくしたり、捨てたりしたというではないか。

しかし、伝記を書くにあたいするような人は、伝説をも含めて、名誉ある後光に包まれていなければ読者の期待を裏切ることになるが、ぼくには、申しわけないが、そのような後光はまったくない。このように前もってあやまっておかねばならないうしろめたさを前置きにしなければならないほどの心境であることを述べて、ひとまずは、ぼくの生まれた場所と状況を記しておくことにしたい。

昭和九（一九三四）年六月三日、ぼくは但馬《たじま》の国、新しい言い方をすれば兵庫県の、日本海側にある養父《やぶ》市八鹿町《ようかちょう》というところに生まれた。言うまでもないことだが、そこが気に入って選んで生まれてきたわけではない。南は瀬戸内海、北は日本海に面して南北にひろがる兵庫県の中央部を東西に走る中国山脈の北側、すなわち山陰地方である。こうのとりを育てている豊岡、温泉の城崎《きのさき》など、下流になると、ゆったりと流れる美しい円山川になるが、その上流で、子どもの頃は、特別な道具を用いなくても鮎がとれた。八鹿から、さらに上流に行くと、九鹿《くろく》という部落——当時は「集落」などとどこか外国でもあるようなよそよそしい言い方はしなかった——があったので、この辺は鹿がたくさん住んでいたのだと思っていたのだが、鹿は見たことがない。父がここに住み移ってきた頃は、屋岡《やおか》と書かれていたという。何で勝手に字をかえたんだと、父は怒っていたが、ぼくには八鹿の方が風流だと思われた。

父もまた、ぼくと同様にこの地を選んで住みついたのではない。生まれたのは広島だが、祖父の時代に食いつめて、広島から姉をたよって、雪ぶかい但馬のこの地にやってきたということだ。

母方の話

母はこの土地の人で、江原（国府）の善応寺《ぜんのうじ》という寺に長女として生まれた。この土地の有名人といえば、マッキンレーをめざして行くうちに、雪原に消えた植村直己くらいだ。しかしそれは母が生まれたよりずっと後、最近の話だ。母の姓は紫安《むらやす》という。この名は、東京に二、三あって、そのすべてが親戚である。紫安姓は全国のをあわせても七軒くらいしかなく、母の説明によると、その起源は、九州のどこかにある、紫雲山安楽寺という寺なんだそうだ。で、そこから二文字をとって姓とした。

母の実家、すなわち善応寺は、八鹿町から北に向かって、つまり、日本海により近い方に三〇キロほど行ったところにある。この寺の住職がぼくの母方の祖父にあたる。その妻、つまり、ぼくの祖母にあたる人は、もと尼さんだったが、この二人はいけない恋愛をし、かけ落ちのようなことをして結婚したらしい。つまり仏に仕えるべき身の二人による破戒のペアだったということになるが、祖母にあたる人は、そんなことをみじんも思わせるところのない、こごとばかり言う、おもしろみのないばあさんだった。しかしこの寺に行く利点が、一つだけあって、それはひろびろとした座敷にごろりと横になって、夏の稲田から渡ってくるそよ風になでられながら煙を吐いて走る、山陰線の機関車が眺められることだった。機関車に引かれて走る列車はそんなに近くでもなく遠くでもなく、景色としてはちょうどいいところを走っていた。

ぼくが子どもでなくなったある時、このお坊さん祖父の蔵書の中に倉田百三の『出家とその弟子』があるのを見つけた。で、それを開いて見た。ページのいたるところに、朱の毛筆で傍点がつけてあり、こまかい書き込みがあった。だから、この人の若い時、やはり破戒の悩みがあったことをたしかめたのである。しかしこんなに悩ませた尼僧の方には、それだけの価値があったのだろうかと思った。

考えてみれば、ぼくはすべての女、ばあさんであれ、幼児であれ、かならずいいところを見つけて、どこか好きになってしまうという性格がある。ところが、この祖母にかぎってはそのような思い出はない。——ここから得るべき教訓は、よくない恋をしたからといって、その女が、かならずしも人の心を動かすような素質をそなえているわけではないということである。

この祖母の姉妹だかにあたる人が嫁に行った先が、出石《いずし》神社、別の言い方では、但馬一宮《いっきゅう》さんだった。

この神社はしんとしたおごそかな森の中にあり、いかにも神域という雰囲気がただよっていた。その家族は神社から歩いて五分くらいのところにある、前が田んぼ、後ろに柿の木がある普通の家に住んでいた。宮司の奥さん——これが母方につながる人だが——この人は西洋の小説が好きで、夕食のときなど『嵐が丘』のヒースクリフの話をよく話題にしていた。誰も聞いていないようだったが、ぼくだけはこの人がつぶやくように話していたことが耳の底に残っている。比較的最近になってそれを思い出し、『嵐が丘』を読み、あの人、神主の妻が何を考えていたのかが、今ごろやっとわかった。子どもだったから話の相手になれなくて残念だと思った。人間の、ある人との関係には、常に残念がつきまとうものである。これを拡げて言えば、人類の記憶の歴史は残念の歴史だということになる。

出石神社がまつっているのは天日槍《あめのひぼこ》という、朝鮮から渡ってきた新羅《しらぎ》の王子様で、田道間守《たじまもり》や神《じん》功皇后《ぐう》はその子孫だという。天日槍は、但馬の出石の地に治水を行い、農耕をさかんにした、文化人類学で言う文化英雄にあたる。長尾市《ながおいち》は播磨灘にたどりついた天日槍を出迎えて、この但馬の地に招いてきたと『日本書紀』にある。

母方の話はここで切りあげて、父方の話にもどろう。

父方、田中一族の話

父の田中一族は、広島だか呉だかから、いつも「雪深い」と枕ことばをつけて語られる、この但馬の国に移ってきた。陽光の降りそそぐ山陽の地から、心ならずも流れてきたここを語る時、田中家の面々はまるで島流しの地にやってきたような話し方をしていた。このようなイメージを作ったのは、父の三人の妹たちであった。

祖父は豊岡にいた、吉井家にとついだ姉を頼ってそこから金を借りて、八鹿の町に小さな自転車店を開いたらしい。みじめで、小さなわらぶき屋根の家を借りてくらしていたが、成功して、町でも一、二と言われる呉服屋の家を買いとって移り住んだ。ぼくはそこで生まれた。二軒の家が門を連ねたような建物で、一軒を自転車部、もう一軒を洋品部と呼んでいた。いずれも、吉井と呼ばれていたのは、豊岡の吉井家から金を借りていたので、田中の名を名のれないということで、ぼくも、学校の外では吉井君と呼ばれることがあり、二重の名をもっているのはいやなことだった。

その家は、子どもの目から見て、たしかに大きな家で、ふだん入ったこともなく、よく知らない部屋もあった。二階の一角には、一階から、家族とは別の梯子段で登る女中部屋があった。土蔵も四つあって、一番庫《ぐら》から四番庫というふうに呼んでいた。子どもにお仕置きをするときは、一番倉に入れるのだが、薄暗い中でじっと目をこらしていると、中にある古道具だの食器だの——だいたい五〇人分くらいの客用のそろいがあった——がだんだん見えてきて、それをしらべて楽しんでいるうちに母親が連れ出してくれるのだった。

寺社と商人の対立

このように、地元の母方はお寺さんや神社であり、移住民の父方は、やっとのことで生活の道を見出したにわか商人という関係であった。

たぶん社会的地位は前者の方が高く、そのかわりに現金収入はより少なかったのに対し、後者、田中一族は、食いつめて他国から移ってきた、しがない商売人であったが、必要な金はあった。母は、実家では、田中一族のことをあきんどと呼んでいると説明してくれた。

商人といえば立派に聞こえるけれども、あきんどというやまとことばには、どこかさげすみのひびきが入っている。

隣の家は種子《たね》屋さんをやっていて、この一家は、きんきんひびくような独特のことばを話していた。これは播州《ばんしゅう》弁というのだそうで、八鹿の土着の人から見ると、ほんもののあきんどことばであって、ぼくの耳には異様な感じがした。土着の農民には、油断もすきもならない、抜け目のないあきんどのことばであると感じさせたのは、おとなの入れ知恵によるものだ。

ぼくは、この農牧生産者と商人との対立を、後、モンゴル研究にたずさわるようになってからモンゴルで経験した。モンゴルの牧民たちは、ゴビの南からやってくる漢族の、きらきら光る安物のガラス玉だの、子どもだましのような装飾品のために数十頭もの羊群を渡してしまい、さらに多くを求めようとして、数十頭の羊分の借金をし、漢人は借用書を書かせて、信じられないような利息をつけた。モンゴルの牧人は、翌年は、何も得ずして、その利息として、大量の羊をただで持っていかれた——ここから独立革命の運動が起きたのだとモンゴルの歴史書に書いてある。誇張はあるにしても大筋はそのとおりだったのだろう。

モンゴル人の漢族への不信と憎しみはここに発すると説明される。「商業」という概念はモンゴルにはないから、そのことばを「ホダルダー」という語で写した。それは「うそをつく、だまし」という意味で、モンゴル遊牧民の商業観を率直に表している。「ホダルダーニー・ヤーム」を直訳すれば「うそつき省」となるが、現代語としての用法は「商業省」である。

商業はそれ自体では何も生産しないくせに、ものを仕入れてきて右から左に流すだけでさやをとる。どこか不正な活動だという感覚が、ぼくにあるのは、ぼくのこのような育ちと関係があるだろう。

「田中家は士族ではない」

しかし家の入口にかかげられていたというかなり大きな表札には、「士族」と書いてあった。その表札はすでに取りはずして保存してあったのだが、母はそれをたてに、うちは士族だと言った。また、士族であることを示す「系図」もあると言った。母がそう言ったのは、あきんどであることを、少しでも薄めたいという気持ちから出たものであろう。

士族がどんなものかわからないが、母の口から聞くと、ふつうの百姓や商人よりはえらいらしい。そのことを父に問いただしてみると、「士族なんかであるもんか。系図なんてものがあったとしても、明治維新の時に食いつめた貧乏士族が古道具屋に二束三文で売りだしたのを買ってきただけのことだ」という、にべもない返事だった。

父のその時の様子を見ていて、この人は家がらだの氏素性を語るのがしんからきらいなのだと知ったので、ぼくは、この話は二度とふれない方がいいだけじゃなく、そのほうがいさぎよいと感じたのである。子どものときに、いさぎよいということばを知っていたかどうかはわからないが、その時の感覚を、おとなになっておぼえたことばで表現するとこのようになる。

こういう感覚の効果は、ぼくをかなり歴史ぎらいにした。家系図を暗唱したり、先祖をたどったりする歴史、とりわけ日本史などというものは、古証文をたてに昔の過ぎ去った繁栄を語る、いじましいご隠居のひまつぶしという感覚が、その後ずっとつきまとうことになった。

日本史ぎらいは必然的に漢字ぎらいになる。それでもぼくが最初におぼえた字は「愛」だということになっている。まだ学校に行かない、はいはいをやっと卒業したくらいの子どもが、二階へ通ずる階段の途中で、何やら一生懸命に書いているので、おとなたちがふしぎに思ってのぞいてみると、「愛」という漢字だったというのである。ぼくはそのことをよくおぼえている。階段をのぼり切ったところに、新発売のレコードの広告、「愛国行進曲」というポスターが張ってあったので、ぼくはわけもわからず、その最初の文字をなぞって書いただけなのだ。それにしても、「愛」と「愛国」のへだたりは大きい。

父の漱石ぎらい

父は自分があきんどであることをきらっていたかどうかはわからない。根っからの商人であれば、好きもきらいもないものだが、心ならずも商人になった人の気持ちは複雑であろう。とりわけ父には別に志があったこと、そして失意の人であったことは、後においおい明らかになる。

それでもなお、商人を弁護したいところはあったと見える。それがわかったのは次のようなことがきっかけである。

日本では『坊っちゃん』からはじめて、子どもの時からもう漱石を好きにならせようという社会的圧力さえある。ぼくが『坊っちゃん』を読んでおもしろいと言ったところ、父は気色ばんだ。あいつは人をばかにしている。とりわけ商人をばかにしているところがよくない、と言った。ぼくは、そういう見方もあるんだ、学校や世間が、ある有名人をえらいと言ってはやしたてる時は、別の見方もあるんだと、引きとどまって考えることにした。後に一橋大学大学院に学ぶことになり、その学園史を読んだ時に、高等商業学校に経済学専攻のコースを設けることになった際、漱石は『朝日新聞』で、それに強く反対した記事を書いたと知った。商学とちがって経済学は学問だ。それをやる経済学部は帝大に作ればいいのだから、商業学校にそんな学問をやらせるのは無駄だと主張したというのである。それを読んだ当時の高商の漱石ファンだった学生たちは、こぞって漱石全集を古本屋に売りに行ったと書いてあるではないか。

父はぼくが一橋で学問をやることになったので、とても喜んでくれた。漱石が、学問なんかやるべきでないと言った、あきんど学校にぼくが学ぶことになるとは、全く予想しなかったのだろう。

では父が気に入った作家とは誰だったのか。たびたび語ったのは永井荷風だった。特に荷風の晩年で、戦後あのような死に方をしたこの作家に共感した同時代人は多かったのであろう。作家への好ききらいはおもしろいテーマだ。亀井孝先生の父上は、森鷗外がだいきらいで、川端康成も同じくらいきらいだったようだ。こういう人の感想を聞いていると、今は、漱石の古くさい作品を、連日新聞が掲載して、たたえるという、いやな時代になってしまった。一種の思想統制のような感じさえする。新聞が教師づらして、このような文化の押し売り、強制をやってはいけない。

ここで思い出されるのは、あとで述べる呉茂一《くれしげいち》さんのことである。一橋大学院に入ってから、ぼくに足りないと感じていた教養を少しずつ補うことにした。その一つがギリシア語である。

西洋古典学の大家、呉先生は、週に一回、湘南鵠沼《くげぬま》の遠くから片道二時間もかけて、わざわざ国立《くにたち》までギリシア語を教えに来ておられた。先生はよほど一橋で教えるのがお好きなんだろうと思った。帰りの電車でご一緒した時、あなたのお家はお店でもやっておられるのですか、それで一橋に来られたのですかというような質問をなされた。

呉さんは、東大医学部を出たのち、あらためて文学部で西洋古典学をやられたという経歴の持ち主だが、たまたま、先生の家で書生をやっていたという人から聞いた話では、呉先生は株取引の名人でもあるということだった。株と骨董でかなり収入をあげておられるという話だった。この人の多方面にわたる才能の中に桁外れの商取引も含まれていた。この興味深い話はあとで述べることにしよう（一六二ページ参照）。

祖父の話――広島における田中一族

父は結局、ぼくの先祖については何も語らなかった。それで、祖父がきれぎれに話してくれたことの大よそを復元してここに記すしかない。

祖父豊吉は、呉の軍港の海軍工廠かどこかで船大工だか、船の修理作業のようなことをやっていたらしい。だから鉄工、溶接のような技術を身につけていた。入ってくる船にオランダ船が多く、いくつかの日常的なオランダ語を知っていた。その中にソップというのがあった。スープのことである。もっとも、この両者は同時に使われていたらしいから、いつソップが全面的にスープにとってかわられたかは研究を待たねばならないところである。「ニワトリをつぶしてソップをとる」というふうに使うのである。

船大工をやるようになったのは祖父の時代からであって、それ以前は、浅野家と縁があったらしい。子どもの頃、呉や広島の親戚に行くと、みな立派な家であり、中にはピアノのある家もあり、若くて結核で死んだ、東京音楽学校の生徒であった男の子の遺品だということだった。学校以外に、普通の家にピアノがあるのを見たのははじめてだった。但馬では学校の講堂にしかない、想像もできないぜいたく品だった。二〇代で結核で死んだ、もとちゃんという天才の話は聞こうとしなくても響きわたっていたのである。

家の中での方言的対立

すでに述べたように、ぼくの育った家の中には、いくつもの対立軸があった。土着の母方の寺や神社的気風と、父方の、移住・流入者のあきんど商工的気風、また前者の山陰・後進地的雰囲気と、後者の山陽・先進地的雰囲気というふうに。それは具体的には、母が話す土着の但馬方言と、父方が広島から持ち込んできた広島方言との対立として、ぼくは早くから気づいていた。

広島方言は、大きく見れば、隣接の岡山、山口、鳥取、島根などの方言とともに、近畿方言と対立する中国方言をなす。この中国方言のアクセント体系は、東京方言に近く、話し手は東京方言を学ぶのに大きな困難はない。その中国方言の下位方言と言うべき但馬方言と広島の方言は、大まかに見れば、ほとんど同じなのだが、家という小さな空間では、わずかな差が大きく感じられる。

このわずかな差が、単なるちがいをこえて、文化的な差を示すシンボルになる。子どもの頃、自然に感じとった感覚では、広島方言は、但馬方言に比べて、地位が高く、威信があるように思われた。この感じ方は、父の三人の妹たちが、失った故郷の風物を、愛着とあこがれの思いを込めて語り、それに対して、母の但馬のことばを、いわば田舎っぺいのことばとしてさげすむように語ったからである。

しかし家を出ると、全く異なる方言が話されていた。隣家は種子屋《たね》さんで、そこの主人が大きな赤い鼻をして威勢よく話すことばを聞くと、どこか遠くからやってきた、ぼくには異国の人に思えた。祖母は、あれは播州弁だと教えてくれた。播州弁は一種の近畿方言だから、但馬弁と比べればアクセント体系が全く異なる。祖母は、播州弁は商人のことばだというふうに教えてくれた。但馬には、本物の商人などというものは稀で、たいていは土を耕したり、かいこや牛を飼ったりの平凡人間だったから、いつも抜け目のない商人にやられているような感じがただよっていたのである。

さて、この但馬方言にも、大きなちがいだと感じられる差がある。川が分かれて、別の谷に入ると、そこでは「〇〇だ」とはいわないで「〇〇じゃ」と言うのであった。それは、ぼくの「〇〇だ」よりはずっと田舎っぽく聞こえた。大人たちは、「大屋《おおや》の谷から蛇《じゃ》が出るそうじゃ」ととなえて、「じゃ」方言を説明していた。わずか二〇キロほど北に、日本海に近づく川流域にある母の善応寺に行くと、そのあたりの子どもは「〇〇や」と言った。ぼくが「〇〇だ」と言うのはなまいきだと言うので、ほとんど一緒に遊ぶ気にならなかった。そこからさらにわずか一〇キロ北に進むと、そこでは、「〇〇しなさい、しんさい、しんせい」などとは言わないで「〇〇しんちゃい」と、大人までが子どものように話すんだと、母はまねをして笑った。このおかしい話し方をまねしながら、朝から晩まで一日中笑っていたことがある。母はそのまねがうまかった。子ども心にも、なんてばかばかしい話題だろうと思いながら聞いていても、やはりおかしくて、つい聞いてしまうのだった。

科学としての言語学は、「〇〇だ」、「〇〇じゃ」、「〇〇や」などを、感情を排除して、客観的に記述するのがつとめで、それはそれで大切なことだが、次の段階ではそれを人々がどう意識しているのかをとりあげる必要がある。話し手がその差を意識して、自分たちの方言をすてて別の方言に移るからこそ、方言の統合や分離が起きるのであるから。こうした話し手の意識を知るためには、単なる方言学をこえた社会言語学が必要となるのである。

それで、結局ぼくは、「○○しんちゃい」だの「○○や」などというところに生まれなくてよかった、「自分のことばが一番ええ」と思っていたのである。

しかし但馬弁という風呂敷包みを開いて、こまかいなかみを問題にしなければ、近畿方言とは画然と区別された、神やどる神聖な方言地域なのである。

関西弁を話さぬ裏切り者

兵庫県を南北に分かつ中国山脈は近畿式と非近畿式の方言の境界線とほぼ一致している。しかし日本海に面する北側は、経済・文化のいずれにおいても劣勢であって、南側の住民の視野から消えている。見えなくなっている。兵庫県出身だといえばたいていの人が関西弁を話すものと期待しているから、ぼくはその期待に反するのみならず、言語的な裏切り者だというようなまなざしを受けることがある。

ある時、小倉千加子さんという人と対談した時、この人は、ぼくが兵庫県出身だということで、あるいは西日本出身だということで親しみをおぼえたようだ。しかしぼくが非関西弁を話すことをいぶかしく思ったらしい。その時、ぼくはかなり皮肉な調子で、兵庫県がすべて関西語を話すんだと思わないでください。北の、ふだん陽の当たらない一部には、東京と同じようなアクセントで話す少数民族がいるんですと説明してあげた。

しかし、最近郷里に帰ってみると、若い世代はかなり関西弁アクセントに移ってきている。このことには柴田武さんが注目していて、標準語（かれの用語によれば共通語）ではなく、地域の勢力のある方言に同化する現象である。

日本海対瀬戸内海

ぼくに、広島はすごいところだなあと思わせたのには、次のような事情もあった。
毎年暮れになると、広島からカキの入った大きな木の樽が送られてきた。但馬の日本海は、さば、いか、それにカニが主体であって、カキのようなめずらしい、あるいは異様な海産物は、ほとんどの人が見たこともなかった。

正月の朝は、祖父をかこんで、厳粛に雑煮を食べる儀式があった。女たちはこの正月の食事の準備のために、三日も前からとりかかるのである。これには自転車部の店員さん四人ほども参加した。雑煮はカキ雑煮と決まっていた。地元出身の店員さんは、初めて見る椀の中のこの異様な海産物に、「わあ、きんたまみていだ」と気味悪がって手をつけなかった。なるほど、知らない人にはそうも見えるんだと感心した。

広島から、中国山脈を越えて、その北まで新鮮なカキをとどけるのは鉄道便では遅いので、特別の「上便」という運送屋さんがけわしい峠を越えて運んでくれるという話だった。「カキの雑煮を食べる」ということが、広島とのつながりを保つ大切な行事だったのだ。

アルプスの北と南

ぼくは一九六四年にはじめてドイツに留学した。この留学は、ぼくの郷里を見る新しい視点を与えてくれた。それはアルプスの北と南との対比である。アルプスの北と南では、その自然や人々の性格に大きなコントラストがある。冬のドイツは朝が明るくなるのは九時頃、午後はもう二、三時頃には暗くなる。ドイツでは三月、四月はまだ冬だが、その頃、アルプスを越えてイタリアに入ると、さんさんたる陽光に、さくらんぼが色づきはじめている。小鳥はさえずり、思わず歌が出てくる。ロシア人がいかにそれをたたえたかは、チャイコフスキーの「イタリア綺想曲」にあらわれている。

兵庫県の但馬地方は、まだ雪に閉ざされていても、生野《いくの》の峠を越えたとたん、雪一つない陽光が降りそそぐ。この感じを味わうために、ぼくは、京都、大阪経由ではなく、ちょっと遠回りして播但線で峠を越えてまっすぐ南下して姫路に出て、そこから東に向かうのを好むのである。冬に南から汽車で生野あたりの峠を越えると雪が厚い樹々につもって、それらを圧しつける北国に出るのである。それはまるで、さんさんたる陽光のイタリアから、暗い鉛色の空が閉ざすドイツにむかう感じである。いやでも、シューベルトの「冬の旅」が胸の中にひびき、涙が出てくるのだ。

逆に北から峠を下って南に出てくるとき、それはまるでアルプスの南越えである。今度はミニョンの「君よ知るや南の国」である。

ある日の父の宣言

ぼくの生地、但馬の国が、温暖と産物に恵まれた瀬戸内海から見て、貧しくあわれなところだと見られていたことと関連して、ほんとうは中学生だった頃に起きたことだから、もう少しあとのところで述べるべきだが、忘れないうちにここに記しておきたい。

ある日、父があらたまって、お前ちょっとここに来い、話しておくことがあると言った。こんなことはかつてなかったから、ふしぎな感じがしたけれども、それに従った。父の話はだいたい次のようだった。

――お前はできの悪い人間ではない。いや、このうちにはできすぎていると言ってもいいくらいだ。しかし、お前の生まれたところは、日本全体で見ても、相当ひどいところだ。家もよくなかった。ほんとうにすまないが、こういうことは、運が悪かったとあきらめるしかないのだ……。

内容はだいたいこうだが、どのようなことばを使って言ったのかはよくおぼえていない。というのは、ぼくにこのように申しわたすのには、状況があまりにも唐突で、いかにもとってつけたような話しかただったからだ。

第一ぼくができのいい子だというのはどう考えてもうそだ。自分が一番よく知っている。またぼくの家は、運命をなげかねばならないようなひどい家でもない。友だちの家には決してないアルバムに入ったベートーヴェンの何番だかのレコードだってある。

つまり言っていることが、実態と、あるところでは真反対なのだ。これは何という芝居だ。もしぼくが反論したら話はもっとおかしくなり、父も面目が立たなくなるだろう。そのような気持ちだったから、父の顔を立ててそのまま聞いてあげようということにした。

それでも心の中ではおかしくてにやにやしながら、ああ、これは父が逃げているのだ、何が起きても、すべてぼくの生まれた場所と家のせいにしようとしているんだとこう解釈した。つまり責任逃れの宣言だと思ったが、いまだに、あの宣言は何だったのかよくわからない。

父のこの宣言は、かれが、人の氏素性の善し悪しを問題にすることじたいがナンセンスだと説いた、かつてのできごとと内容は一致していたので、事実とはちがっても、考え方に矛盾はない。

後年、ぼくは言語学をやり、ソシュール言語学に接して、その共時主義《サンクロニスム》を考えるとき、父の考えたこと、言ったこととよくつきあわせたものだ。実証できない歴史を知識としてひろめたり、それを子どもに強制する文化や教育には、議論する余裕もなく即座に反発してしまう、必ずしもほめられないぼくの習性は、こうした体験に由来する。歴史は人を自由にはせずにしばるものだという感覚である。

少年時代

開戦と父の東京行き

ずっとぼんやりして、ほとんど無意識でくらしてきたぼくに、日々なんとかくらしていくだけでもたいへんなことだという意識が芽生えたのは、戦争がはじまったとき、すなわちぼくが七歳、一九四一年の暮れだった。一二月八日、外では雪が降りしきっていた。父とぼくはスキーに金具をとりつけ、組みたてていた。その時、真珠湾攻撃と開戦のニュースをラジオで聞いたのだ。

　聞いたとたん、これは負ける、たいへんなことになったと父はつぶやいていた。それを聞いていた母は、「お父ちゃん、そんなことを言ったら警察につかまるで」とたしなめた。父はこのままの暮らしをしていては、兵隊にとられるにきまっていると考えたらしい。じじつ、向こう三軒両隣、近所の若い父親はみな戦争にとられ、ほとんどがフィリピンで死んで帰ってこなかった。父がアメリカには負けるとすぐに判断したのは、すぐ近くの造り酒店の御曹司、のちに自民党の国会議員で、法務大臣になった、小島徹三という人からアメリカ留学時代の話を聞いていたからであった。

　父はこの戦争をチャンスに家を出て、つてを頼って、石炭統制会というところに就職した。丸ノ内にあったその事務所も、爆撃をうけた。その後は、郡是《ぐんぜ》製糸につとめた。グンゼは今は仮名書きになって下着などを作る会社になったが、戦争中は、戦闘機の組みたてをやっていた。父が言うには、行ってみたら、女工さんは、飛行機の翼になる金属板に物差しをあてて、五センチごとに鉛筆で印をつけ、そこに穴をあけてリベットを打ち込んでいた。こんな手作業じゃ絶対アメリカに負けると言っていたのをおぼえている。

　父が東京に行ってしまったのは、ひたすら徴兵逃れのためだと思っていたが、最近、弟たちと話しあってみたところ、かれらはそれとは少しちがう解釈をしていた。それによると、もともと父は商売がきらいで、家を出るチャンスをうかがっていたということになるらしい。それもまた単純な解釈であって、背景には日本の近代史にかかわるもっと複雑な事情があったと見るべきだろう。国家総動員法というものがあって、総力戦態勢下の国家的経済政策と切りはなして考えることのでき

小学校入学の記念写真

ない選択であったことがわかる。それについてしらべたことを以下に述べておきたい。

父は、戦争がはじまってすぐに単身東京に行ってしまったのだと思っていたが、晩年に、父がぼくに贈ってくれた、書き込みのある年表を見なおして、そうでないことを知った。

この年表は、中村政則（ぼくの一橋大学での同僚だった）が編んだ『年表　昭和史』（岩波ブックレット）に、自分の身近なできごとを書き込んだものだった。

企業整備令と廃業

開戦翌年の昭和一七（一九四二）年五月に、企業整備令というものが公布され、それにしたがって「吉井洋品店を廃業」と父の手で書き込みがある。ぼくの家の暮らしが決定的にむつかしくなったのは、この「企業整備令」と「預金封鎖」の二つだということを父が語ったことがある。今あらためて、企業整備令とは何だったのかしらべてみよう。

「事業の譲渡・廃止・休止・禁止を命じる権限を商工大臣に与えた勅令」とある（『日本史広辞典』

山川出版社)。そしてさらにこれは、「一九四二年五月に国家総動員法にもとづき公布」となっている。

国家総動員法は、企業整備令の四年前、四月一日に公布された。これによって経済・政治・文化の国民生活全般にわたり、政府のコントロールが行われるようになった。そしてこの総動員法をつくったのは、東京外国語大学(以下、東京外語と称す)で同僚になった、山之内靖の父上だったと、かれ自身から聞いた。山之内靖と国家総動員法については、あとでくわしくのべるであろう。

ここで父が「廃業」と書き込んだ「吉井洋品店」とは、ぼくの家でやっていた、「吉井自転車店」とともに二つの店舗のうちの一つである。自転車部には店員が六人くらいいたから、閉店するわけにはいかなかったが、いつのまにか、徴兵されたり、自立したりして、誰もいなくなった。たくさんあった自転車も企業整備でどこかに行ってしまい、何もなくなったがらんどうの店をまもっていたのは、国民学校生(小学生)のぼく一人だった。そのためぼくは子どもの頃、自転車屋のカッちゃんと呼ばれていた。

カッちゃんの子ども自転車屋

ぼくは日頃の店員さんの仕事を見ておぼえていたので、水を満たしたバケツの中に、タイヤから取りはずしたチューブに空気を入れて、それを漬け、泡の出るところで穴を見つけ、そこを軽石でこすって、古チューブからハサミで切りとったゴム片もまたこれを軽石でこすって、ゴム糊を塗り、やや乾かしてから貼りつけるという、「パンク貼り」の仕事をやってみた。学校から帰ると、ひたすらパンク貼りをやって、一つ仕上げると、米一升とか、下駄一足をもらった。小学校三、四年の頃で、ぼくは九歳くらいだった。戦争中、最も困ったものの一つが履き物だった。母は草履《ぞうり》を編むことを農家から教わってきて作ってくれたが、十日も履くと、バラバラになってしまった。こんな草履しか作れない母親はつまらない人だとまずは思ったのだが、こんなふうに母の技術を責めるよりも、簡単に見えることがやってみると大変だということがよくわかった。

この町でパンク貼りをやってくれる店は他になかったから、ぼくはたいへん重宝された。遠くからうわさを聞いて自転車を持ってくる人もいた。ぼくは次第に頼られるようになり、年寄りたちに日本の戦況を話してあげるようになった。情報源は、小学生のための新聞（『少国民新聞』？）だった。船底に赤十字のマークをつけた日本の病院船がアメリカの機雷攻撃を受けて沈められたという話は、特別の感情を込めて読んであげた。ぼくは、今でもパンクした自転車を持って自転車店に行き、店員さんたちの仕事を見ているとあの頃を思い出す。

広島からこの但馬の国に移ってきて自転車屋を始めた祖父はオートバイが好きだったそうだ。祖父の発音だと「バイエン」というスウェーデン製のオートバイに乗って、津々浦々の小学校に招かれ、校庭で子どもたちにオートバイを走らせて見せて得意だったということだ。祖父によれば、スウェーデンはいい鉄がとれるので、あんなに優秀なエンジンができるのだと言っていた。ぼく自身は、オートバイなるものは、ほとんど見たことがなかった。

この頃のオートバイのエンジンにはまだきちんとした冷却装置がついてなくて、乗っている足元には、赤く焼けた部分が露出していたので、その熱から守るために真夏でも、足をすっぽりゲートルを巻いておおっていないと乗れなかったという。

　祖父は、これに乗っていれば、「いつ死んでもいいと思った」そうだから、相当に重症のカーキチだったのだ。このバイエンとは何だろうか、「煤煙」とするのもヘンだなあと思っていた。

　後年、ドイツに留学したとき、あの有名なＢＭＷ《ベーエムヴェ》がバイエリッシェ・モトーレンヴェルケ（Bayerische Motorenwerke）の略語であると知った時、祖父の言うバイエンとはバイエルンのことだと理解したのである。これは聞き違いではないだろう。そしてこのドイツの会社は名高いスウェーデン鋼を使っていたと説明すれば、祖父の話にもすじが通る。

　しかし祖父が開いたのはオートバイじゃなくて、自転車の店だったのだ。当時は日本では自転車は作れなくて、イギリスから、ラージという会社が作ったのを輸入していたという。その後、国産で宮田自転車というのができた。戦争がはじまりそうだというので、この自転車を買えるだけ買って、ためこんでいたら、本当に戦争（第一次大戦）がはじまって大もうけした。そういう人間を「成金」というんだ。うちも成金の一人だという説明を聞いて、なんという下品なことばだと思った。

　この祖父は庭の一角に鍛冶場を作って、自転車の折れた車体などを溶接したりして、自転車を作っていた。ぼくはそのためのふいごを押して風を送り、石炭やコークスを燃えたたせる仕事を受け持った。ぼくは祖父を、すごい技術を持っていて、何でもやれる人だなあと思った。ニワトリを殺すのもうまかったし、そのニワトリの骨を煮て、ソップ（三一ページ参照）をとるのも上手だった。

この祖父の好みと才能は、孫たち、つまりぼくの弟妹の中ではぼくの次の弟、輝彦が受け継いだ。魚をとる、それも手づかみでとってきて、友だちを集めて料理などを作ってふるまうのが好きだった。父の話によると、輝彦は魚のいそうな岩の間に手を入れると、温度のちがいを感じとるのだそうだ。かれは京都大学土木工学科に進んで、橋や道路をたくさん作った。

話がずいぶんまわり道をしてしまったが、とにかく第一次大戦のささやかな「成金」は、こんどは第二次大戦で企業整備にひっかかり、その時に商品を買い取られて得た金は強制的に預金させられた。その預金は敗戦の翌年、一九四六年二月に、金融緊急措置令によって「預金封鎖」され、そのほとんどすべてが無になった。どこからか、郵便切手の半分くらいの小さな証紙が配られ、これを貼りつけたお札だけが有効とされた。

ぼくの町は、山と山の間を敵の飛行機がすっと飛んで、銀翼をきらめかせたかと思うと、あっという間に姿を消してしまうようなところで、爆撃はされなかった。大人たちは、こんなところに爆弾落としたら、タマのほうがもったいないぞと言うほどのところだったから、都会のように家は焼かれなかったが、こうして、すべての商品を買いあげられたその金が灰も残さず、きれいになくなったのは、焼かれるのと同じくらいの災難だった。こうして何もなくなった。そこから、ぼくの商売活動がはじまったのだ。

売るべき自転車もなく、がらんどうになった店で、ひたすらぼくはパンク貼りをした。とにかくぼくの手で確実にチューブの穴がふさがり、空気がもれなくなったのをたしかめてから、タイヤにおさめる仕事は、八、九歳くらいの子どもには楽な仕事ではなかったが、完成の喜びがあった。それがどれだけ家計の助けになったかはわからない。

東京における父の生活

父が家族を置いて、なぜ東京に行ったかについては、兄弟の中でも意見が分かれるようだが、ぼくは長男で、一番年上だったからたくさん見聞きしており、ぼくの意見が正しいと思う。

まず企業整備で、家から主たる商品が消えたために商売が成り立たなくなり、収入の道が途絶えてしまったためである。それで父は、東京でサラリーマンになって確実に収入を得て、家族に送金をするという算段だった。

当時、家族は、祖父母とぼくの母と、弟妹たち四人がいたから、家族は連れていけない。それに母は、その土地での生活が気に入っていたから、どんなことがあっても東京なんぞには行きたくなかった。父は、母が東京に移り住む気にさせようとして、母を東京に呼び出して東京見物をさせたらしいが、あんな小さな家に住んでみじめな生活をしたくないとつっぱねたらしい。ぼくの家は、二階建てで、全部でいくつ部屋があったかおぼえていない。大きな部屋が少なくとも十くらいはあって、その中の二つはがらんどうで物置になっていた。その部屋の雨戸の戸袋に青大将が住んでいて、ときどき物干し竿に巻きついて日なたぼっこをしていた。祖父は、ネズミをとってくれる神様だと言っていた。

戦後も父は東京へ移り住むという夢を捨てないでいて、阿佐ヶ谷のあたりに商店にも使えそうな家を探そうと、石炭統制会時代の知人を頼り、高校生だったぼくを連れて、まだ焼け跡の残るあちこちで家さがしをしてみたが、やがてその夢を放棄した。それはぼくにはさいわいしたと思う。なぜなら、ぼくはきっと、研究者などにならないで、その店を継いで商売するはめになっていたと思うからだ。それもやろうと思えばやれたかもしれないが、父のやったことのくり返しだからうまくいかなかったと思う。

母は父が東京へ行く理由をぼくに説明した。父が東京に行く理由は、「お父ちゃんはな、勉強するために東京へ行きんさるんだ」と説明した。

そのとおり、父は勤めのかたわら明治大学の夜学に通ったという。昼はつとめがあったから、楽ではない暮らしだったと思うが、自分の部下にあたるという若いおねえさんたちを連れて、毎日曜日、郊外に出かけたらしい。

そのおねえさんたちのうち、一人は戦後、銀座でやっていた銀馬車というナイトクラブにいるからというので、父のすすめで会いに行った。白や黒の網タイツでダンサーをやっていて、その後もバレエ教室をやっていたらしい。

その三人のおねえさんたちは、戦争中も戦後も、クリスマスのたびにぼくにプレゼントをくれた。父はそれを持ちかえった。プレゼントの中に、岩波「少国民のために」シリーズの一冊で、中谷宇吉郎の『雪の話』というのがあって、よくおぼえている。ぼくのくには、豪雪地帯だったから、おねえさんたちは身近な生活に関心をもつよう教育効果も考えたのだろう。その本には「さくいん」とがつけてあり、またさくいんの説明があった。父は、きちんとした本にはかならず「さくいん」というものが必要なんだと説いたのが、大変新鮮で、なるほどと感心したものだ。

父は大学の授業についても話してくれて、大学が教えるといっても六法全書が使えるようになること、それに、「分類学」につきると言って、かれなりに学んだ大学と学問の限界について話したつもりらしい。

ぼくはその話――大学が教える学問は分類で終わるという父の説――に反発し、いや、大学はもっと大切なことをやっているはずだ、分類以上に発見と変革があるはずだと思ったものだ。じじつ父の言ったことはほぼ当たっているが、大学で授業するたびに、このことばを思い出し、父からお前も分類の話ばかりしていると言われないように気をつけようと思った。

はじめての東京――上野動物園の猛獣など

父は杉並区成宗《なりむね》三丁目というところにある、妹夫婦の隣家に住んだ。ぼくが国民学校四年生のとき、夏休みの一か月ほどの間、ぼくをそこに呼び寄せた。動機は、空襲がはげしくなると予想され、そのために上野動物園の、トラ、ライオン、ぞう、ニシキヘビなど、爆撃の結果おりの外に出たら危険だということになり、これらを毒殺することになった。その前に、ぼくに、これらの動物を見せておきたいからだった。いまおとなになって考えてみれば、それはやむを得ないことだとはわかるが、それはたしかに危険であるとしても、殺す必要があるのかとその頃は思った。動物園のほかに父が見せてくれたものの中で、最も印象深かったのは、明治神宮の絵画館だった。絵を見せるために、こんなに立派な建物があること、そして、明治の日本のいろんなできごとが絵で描いてあることを知って、そんなことをやった人がいたんだということへの驚きだった。もう一つは海軍館で、父は弟が海兵だったから見せたのであろうが、潜水艦や魚雷の模型があったように思う。

後にぼくが学ぶことになった東京外語は、校舎については、極めて不運な学校だった。いま、一ツ橋の如水会館の隣の植え込みのところに、「東京外国語学校発祥の地」という石碑が置かれているが、空襲がはげしくなったとき、万一、この木造校舎が炎上して、そのありさまが皇居から見えたらおそれ多いというので、とりこわされたという。その時以来、東京外語の放浪がはじまったと伝え聞いている。戦後、外語はこの海軍館に入ることをねらったが、米軍の施設として接収されて、この計画は果たせなかったと聞いた。

そこでまず移ったのが石神井の伝染病隔離病棟のようなところで、障子の入った部屋が教室だった。各教室には洗面器が十個ずつくらい置いてあって、雨が降って天井から雨が漏れてくると、そこにその洗面器を置いてしのいだそうである。その次が西ヶ原（滝野川）の弾薬庫あとで、ぼくが学んだのはそこである。以上の話はみな聞いた話で、学園史などでたしかめてみる必要がある。

杉並区成宗三丁目かいわい

さて、今は成田と呼び名が変わっている成宗の三丁目は、阿佐ヶ谷駅から五日市街道を渡って南へ行ったところで、田畑の続く田園地帯であった。近くに小川が流れており、近所の子どもたちに連れられて、エビカニをとりに行った。カエルをつかまえて両足を左右に引っ張って腹を割き、それを糸にくくりつけて、川にたらしておくと、あっという間にエビカニがくっついてきた。ぼくは、ぼくの郷里では一度も見たことのないこの生物にびっくりした。戦後聞いたところでは、アメリカザリガニと言って、輸入品にまぎれて日本に入り、大繁殖して田んぼを荒らした害虫であるという。その川は、いま地図でしらべてみると、どうやら善福寺川だったようだ。

この一か月の東京滞在のうちに、ぼくは、東京の子どもたちがどんなことばを話しているかを知った。アクセント、イントネーションのみならず、ぼくが決して使わないことばがいくつかあった。その中に、木の枝が「しなう」というのがおもしろく、これは何度もためして使ってみた。

よく、母語は無意識のうちに身につくものだと言われるが、そうではない。一〇歳前後になると、これこれの単語は、はじめてどこで誰から聞いたものだと、その場所や時間や人をはっきりとおぼえていることとさえあるものだ。ましてや外国語となると、そういうことがいっそう多くなる。ぼくのばあいは、ドイツ語にそういうのが多い。

成宗にいた頃、一度阿佐ヶ谷の駅の方まで一人で出かけていき、帰り道、五日市街道のあたりで道に迷ってしまった。そこに、隣の家のおねえさんが通りかかり、家まで連れて帰ってくれた。ぼくがその後、国立で再会して結婚したのは、そのおねえさんの妹だったらしい。ぼくが結婚したその女性が言うには、私はおぼえていないし、そんなおしゃまなふるまいをするはずはない。きっとおねえさんでしょうという答えだった。

そのおねえさんという人の小学校時代の思い出話に同級生にシュンちゃんという、いたずら坊主がいて、女の子の弁当箱をのぞいてまわっては、あっ、お前の弁当にはアリンコが入っているぞとか、ああチンポコが入っているぞなどと言ってまわったというのである。それぞれ、紫蘇穂、たらこを指してそう言ったらしいのである。このシュンちゃんとは、後に詩人となるあの谷川俊太郎であることは、場所や、このおねえさんなる人の年齢から言ってまちがいないと思っている。俊太郎さんと朝日新聞社で対談したときに、忘れずにこの件についてたずねてみようとかまえていたのであるが、対談が終わるとかれは急いで立ち去ったものだから、その機会を逸してしまった。俊太郎氏には身におぼえがないかもしれないが、かれが子どものころは、きっとそうだったにちがいないと思われるところがある。それだけにこのようなエピソードはいっそう貴重であろう。

父がいなくなったぼくの生活

とにかく父がいなくなったあとで、長男のぼくは、家事のかなりの部分を受け持たねばならなかった。今の人には想像がつかないだろうが、まず水汲みである。井戸からつるべで水を汲みあげ、その水をバケツに汲みとり、炊事のための水槽に、また風呂をたく日は、風呂場まで運んで満たさねばならなかった。両手に水を満たしたバケツを持って運ぶことは、ぼくには重労働と感じられた。モンゴルの少年たちは、川から水を汲んできて家まで運ぶのが日常だから、みんな相撲取りになれるのだと思う。今でもシベリアの少年たちは、村の中にある共同利用のポンプのところへ行ってバケツに水を汲み、家へ運ぶのである。日本は進んだ国だから、こういうことはしないでしょうと言うから、いや、子どもの時にはぼくも同じようにやっていたんだよと答える。ぼくが毎月一回診てもらっている、戸山高校時代の同級生の紫芝《ししば》良昌医師は、そのつどぼくの腕をなでては、君はこんなに筋肉がついているとふしぎがるが、その秘密はきっと、子ども時代の時の水汲み作業の遺産ではないかと思う。

　次にたきぎである。ぼくの町にはガスなんて便利なものはなかった。裏山にのぼって、枯れ枝や松ぼっくりや、燃えそうなものを炭俵につめて、山の上から下へ転がり落とし、家まで運ぶ。これは祖母との共同作業だった。これを台所のかまどに入れ、火をつけて煮炊きをするのだが、マッチはなかったのである。爆弾を作るための火薬が必要だというので、戦争中の普通の家庭にはマッチはなかった。そこで、それぞれの家でつけ木というものを作るのだったが、それもぼくの仕事だった。まず硫黄のかたまりをどこかからもらってきて、それをなべの中でとかしたものの中に、薄い木――駅弁の箱などを作る、経木と言った――の端を入れて浸し、尖端に硫黄をつけたつけ木を作った。それを持って近所のどこかに行って火をつけて家に持ち帰るのだった。つまり「つけ木」を用いて「もらい火」をしていたのだ。

　祖母の説明によると、彼女の若い頃には、木の軸にクスリを塗ったものがあって、それを家の柱とか、どこかかたいところでこすると、どこでも火がついたという。それは子どもたちがさわったり、なめたりすると、病気になるという。そのクスリとは黄燐《おうりん》のことで、いわゆる黄燐マッチだった――黄燐マッチは危険なので、その後、今のような安全マッチが生まれた。それは、それほど昔のことではなかったらしい。マッチ箱に safety match と書いてあるだろうと、教えてくれたのは父だった。『近代日本総合年表』（岩波書店）でしらべてみると、日本で安全マッチ、すなわち今のようなマッチがはじめて作られたのは明治八（一八七五）年のことだった。

　この戦争中の「つけ木」作りの経験が、ぼくに柳田国男という人の研究に多大な尊敬を抱くようにさせたきっかけの一つである。

すなわち、かれは論文「燐寸と馬鈴薯」の中で、燐寸という漢語やマッチという外国語などを採用する以前に、日本語は、何と呼んでいたか、多くの方言にわたってしらべたのである。いわく、トウツケギ（津軽など）、オランダツケギ（熊本県など）、アメリカツケギ（岩手県、新潟県西蒲原郡など）、ハヤツケギ（秋田県）、スリビ（高松市、淡路島など）、それに鳥取県西伯郡には「ドウチウツケギ」などという気のきいたものもある。ドウチウとは「道中」のことである。

つまり、マッチなどといい、それを「燐寸」などとむつかしい漢字で書く以前に、日本の人民は、思い思いに、自前で、この新しい製品の名を発明していたのである。そして、戦争になって、マッチが姿を消して、やっと、本来の人民語「つけぎ」が復活したのである。

ここでついでに、マッチとともに柳田がせっかく馬鈴薯の方言を扱っているのだから、そのことも述べておきたい。今日は「ジャガイモ」が一般化したが、それ以前は、「オランダイモ」「カライモ」「バカイモ」などと各地がそれぞれの呼び名を持っていたが、ぼくの注意を引いたのは、滋賀県湖東の「キンタマイモ」である。

なぜぼくがこの語に関心をもったか。モンゴルではジャガイモのことを「トムス」（tömös）というからである。トムスとは、やはりキンタマのことであり、発想が同じであることに驚くのである。

戦時中の小学校（国民学校）では何をしていたのか

こうした、日常欠かすことのできない、水や飯たきの仕事には関心をもってやっていたのだが、いったい学校では何をやっていたのか、ほとんど何もおぼえていない。しかし、九九の表をおぼえる勉強はした。やっとおぼえたのが、三〇人ほどのクラスで、尻から二番目だった。はずかしかった。ビリでなくてよかった。ビリになったやつをありがたいと思った。そうして、なぜぼくの仲間たちは、こんなに意味のない数のつらなりが頭に入るのだろうかと、ふしぎに思った。

学校に行く楽しみは、教室で誰かが連れてきたタヌキを飼っていたからだ。太い鉄格子のついた箱の中に入れられたタヌキで、みんな思い思いのえさを持ってきて食べさせた。タヌキが一番喜んだのは、生きたヘビだった。おりの中にヘビを押し込むと、タヌキはそのヘビをしっぽからばりばりと音を立てて食べた。

いまだったら、小学校の教室でタヌキを飼い、それに子どもが生きたヘビをつかまえてきて食べさせるなんてことがあったら大問題になったであろう。男の先生はたいてい戦争に行っていなかったから、先生はほとんど若い女だった。その先生も別に気持ち悪がることもなく、子どもがなすがままにしていた。ああ、戦争は子どもに自由を与えてくれたのだった。

学校総出で炭焼きをやる

こんなのんきな学校生活は長くは続かなかった。二年生の冬か三年生になったころ、総出で炭焼きをすることになった。しかし、低学年ではそんな技術を持っている子はほとんどいなかった。だから、六年生が木の伐採をやり、四、五年生がそれを切りそろえて窯の中に入れて焼いた。

伐採は危険な重労働で、なたを誤って打ち損ねて、膝小僧に打ちおろし、なたの刃が骨に深く食い込んだなどという話を聞いた。

三年生は焼いた炭を俵につめた。それを低学年のぼくらは、二人一組で持ち、冬の氷のように冷たい川を渡って、線路に停っている貨車に積み込むのだった。その線路はいまもそのままだから、その川の鉄橋を渡りながら郷里に帰るとき、車窓からのぞいていつもそのことを思い出す。

敗戦のニュースをラジオで聞いたとき、大人たちは、女、子どもは占領軍に連れていかれ、男はすべてこの線路に寝かせてひき殺されるのだと言っていた。線路の思い出は、こうして悲惨で重苦しいものだった。大人たちがそういう想像をしたのは、自分たちが戦場でやった残虐を思い出したからにちがいない。

そのような炭焼き、貨車への積み込みの作業をしてから二か月ほどして、神戸の学校の子どもたちからお礼の手紙がとどいた。おかげで、ぼくたち、わたしたちは暖かい教室で授業をうけることができますというようなことが書いてあった。ぼくはその頃、神戸なんて町は見たこともなかった。ああ、いなかの子はなぜ、こんなにしてまで都会の子のために奉仕しなければならないのだろうと思った。これはほんとにふしぎな仕組みになっていた。

そのうちに神戸の町が爆撃をうけるとかうけたとかで、疎開というものがはじまった。かれらはぼくの家からそう遠くない公会堂に住みはじめた。その生活がどんなものだったか、当時は想像もしてみなかったが、狭いところに押し込まれて、定めしみじめだったにちがいない。

疎開児童は、半分は泥棒だと、受け入れた側は思っていた。畑に柿だの何だの実のなる木があれば、子どもたちがそれをねらったとしてもごく自然なことだ。

後にぼくは戸山高校の生徒になったとき、級友のほとんどすべてが疎開の経験をしていた。ひもじくてチューブの歯磨きを食べたという話はよく聞いた。そしてたいていが疎開先の人たちをうらんでいた。それでもぼくは、ぼくは受け入れた側なんだよと、かくさず言うことにしていた。

ここで、ふたたび、その頃の生活の話にもどろう。

家ではニワトリ数羽とウサギを飼っていた。その世話はぼくと祖母でやった。ニワトリがいい卵を産むようにと、ときどき田んぼからタニシを拾ってきて、それを木槌でたたいて割って食べさせた。こうすれば栄養がよく、いい卵を産むからである。それでもニワトリはよく病気をした。問題は、ニワトリを食べるにはどうしたらいいかだ。一般的には首をひねって殺すらしいが、祖父はそうしなかった。ニワトリは鉄道の枕木のような木の台の上に首をのせて包丁を当てて、その上から斧のようなものを打ちおろして切った。祖父によれば、これがニワトリにとって一番楽だというのであった。

それはどういう職業名で呼んでいいのかわからないが、近所にニワトリを専門にしめる人がいた。いつもゴム長をはいていて、鼻がニワトリのトサカのように大きく赤く、はれているような感じだった。

それであるとき、祖母に聞いた。おばあちゃん、あのおじさんの鼻はどうしてあんなに赤いんだと。おばあちゃんはこう説明した。あんなにトリをしめてばかりいるとバチが当たって鼻が赤くなるんだと。

これは説明としてなっていないが、例のセミの抜け殻の話もあるから、おばあちゃんの説明は、うむを言わさぬ説得力があった。ぼくはしめるのは残酷で、切る方がよりいいのだと今でもそう思っている。説明の説得力は、その説明のしかたが理に合っていればいるほど受け入れやすいが、それ以上に、誰が説明するかの方がより重要なことは、多くの例が示しているところである。

首が切り離されても、ニワトリのからだは切り口から血を吐き出しながら、数歩は走った。そのニワトリは、ぼくがかわいがっていたものだった。だから今でも、ニワトリの肉はできることなら食べたくない。チキンのなんとか、まして手羽先のなんとかなどという料理を見たら、反射的にかわいそうなあの鳥たちを思い出すからだ。

ウサギはもっと病気にかかりやすかった。なぜか、あの赤い目が、病気にかかって、泡のようなできものになるのだ。ぼくはウサギは一人で殺した。のどを切る方法だ。ある時、もう死んだと思って腹をさいたのに、はらわたをぶらさげて、ピョンと立ち上がった時、ほんとにこわくなった。

とんびが腰巻きを

学校で炭焼きをやらされたのみならず、家に帰ると、山の斜面の開墾をやらされた。その頃は「隣組」という組織があって、この組織を通して、さまざまな命令が来た。「隣組」は、普通「向こう三軒両隣」と言われていたが、もっと大きなものであった。二〇人近くがひと組になって、近くの山の、かなり急な斜面の雑木林を切り開いて、そこに、さつまいもなどを植える畑を作ろうというものである。それぞれの家に、働き手を一人ずつ出すよう割り当てられた。

働き手といっても、主な働き手たる男は戦争に行って、いないから、つるはし、鍬《くわ》などを持って出てくるのはほとんど女、子どもだった。ぼくの家からは、かならずぼくが出た。父は東京へ行って、いないし、なぜか、母がそこに姿を現したことはなかった。そして弁当も持っていくのであるが、その中に米のごはんが入っていることは少なく、ふかしたさつまいもが多かった。

そんな食べ物で、木を切って、株を掘り起こすという重労働をやるのだから、それほどはかが進むものではない。それにもかかわらず、かなり進んだ。どうやら、隣組だけでは、作業の進行が進まないものだから、どこからか、かなり熟練した伐採隊がやってきて、木だけは切ったと見える。

ぼくはつるはしで、株を掘り起こす作業をやった。かなり根気がいるけれども、木の株がどのように頑強に根を張っているかを知る機会になった。つるはしでその株をとり除いたあと、鍬でうねを作って、そこにさつまいもを植えるのである。植え方にはいろいろあって、ぼくには「舟底挿《ざ》し」というのが一番いいように思われた。

夏の太陽がじりじりと照りつける暑い日だった。みんなほとんど裸のようになるまで脱いで作業を行った。すると、中にいたおばあさんが、「あっ」と叫んで空を見上げた。まさに、一羽のとんびが、木の枝にかけておいた彼女の桃色の腰巻きをくわえて、空に舞い上がっていくところだった。ぼくはその時の様子をはっきりとおぼえていて、映画の一シーンを見るような気持ちで思い出すのだが、当時おばあさんだとぼくの目に映った人は、もう少し若かったかもしれない。おばあさんだと思ったのは、ずいぶん痩せていたからだった。十分に食べていないから、肥った人なんかいなかった。

みんなは大笑いしたけど、ぼくは、あの腰巻きはどこまで行くんだろうかと心配になった。こんなつまらないことだけど、当時、ラジオすらちゃんと聞こえない谷間のいなかでは、四、五日は、この話をくりかえしくりかえしして笑ったであろう。

この開墾は、結局、一回くらいはいもを植えたかもしれないが、ほとんど役に立たず敗戦をむかえた。ぼくは故郷に帰るたびに、そこを見上げる。かなり前まで、斜面のその一角だけは木がなく、草地のままであるのがたしかめられて、ぼくらのあの仕事の成果がきちんと残っていることに、一種の満足をおぼえたものである。

原卓也家のヤギ屠殺

このような、動物をどのようにして殺して食べたかは、いなかの子だけの話題だと思っていたら、そうではなかった。東京外語で同僚になった原卓也（ロシア文学者）にその話をすると、かれは、家で飼っていたヤギを殺すのにどんなにつらい思いをしたかを話した。場所は東京である。

ある日、原の家族はヤギを食べることにした。どうして殺すか家族で考えた末、首にロープを巻いて、それを木の枝にかけて引っ張る方法だった。それで、ひもを枝にかけて、ヤギをつるし、家族みんなで引っ張った。ヤギは宙づりになってばたばたしたけれど、なかなか死んでくれなかったと。――なんてばかな連中だとぼくは思った。敗戦直後のぼくの中学校では、理科の藤原先生が、ヤギの首のところを、ゲンノーでパッとたたいただけでヤギは痙攣して息絶えたのである。校庭でぼくたちは、それから先生の指図にしたがって皮をはいで解体し、まな板の上で肉を刻んですき焼きを食べた。先生は、この作業を落ち着いて子どもたちに指示し、黙々とやった。それ以来、ぼくは藤原先生をとても尊敬するようになった。

肉を食べただけでなく、毛皮をなめして使ってみようと思い立って、家のウサギでやってみたが、それが大変な仕事だとわかった。うっかりすると毛皮は木の板のようにカチカチに乾いて、何の役にも立たない。この経験は後で、モンゴルの遊牧民が、いかにして革製品を作るかを知るのに大変役立った。

レコード、染料、スキー・ワックス

しかし次の母の指図でやった、染料の仕入れと販売は、確実に現金収入を予想していた。「みやこ染」という商標の小瓶を一個三五円で仕入れて、四五円で売るのだった。仕入れ先は豊岡か福知山だった。そこへリュックサックを背負い、片道三〇円だったかの切符を買って、往復するのだった。この切符代を差し引けば利益はどのくらいだろうなどと考えた。この冬になって雪が降りはじめると、今度はスキー板に塗るワックスを買いに出かけた。

ぼくの住んでいるあたりは、当時は豪雪地帯で、雪がつもると、ふすまの開けたてができなくなるほどだった。で、そうなると、冬の間はふすまは閉めないで、開けっ放しにしておかねばならなかった。

雪は二階までもつもって、一階の出入口は使えず、二階の部屋の窓が出入口になることもあった。子どもたちは、寝間着のままで、ゴム長をはいて、ちょっとした木の板か、時には竹で作ったスキ

ーをつけて、そのまま学校までも行った。そのうちに、子ども用スキーも売られるようになった。

　母の郷里に近いところに神鍋《かんなべ》スキー場というのがあって、時にはそこへも連れていってもらった。当時はリフトなんてぜいたくなものはなくて、上まで、スキーをはいて登るのだった。だから上から滑り降りる楽しみを味わおうと思えば、その何倍もの、時には十倍以上もの時間をかけて、登らねばならなかった。

　だからぼくにとって、スキーは特別のことでなくて、日常の必要として身についているけれども、ただ滑るだけで特別な技術はない。このような実用スキーはスポーツ・スキーと区別して、ぼく流に「百姓スキー」と名づけている。

　戦争が終わってすぐに売ったもう一つのものは、その頃流行ったピンポンのピンポン球だった。石鹸も売った。これは使ったあと、すぐに水分をきれいに拭《ふ》きとっておかないと溶けてどろどろになるという始末におえないものだった。

　しかし何といっても記憶に残るのはレコード売りだった。よくおぼえているのは岡春夫の「啼くな小鳩よ」と「あこがれのハワイ航路」。ぼくのところはいなかだが、さらに山奥からバスで一時間もかけてやってきて買って行くおじいさんたちがいた。針をとりかえながら聞くSPで、一枚買ってもらうために三回は聞いてからやっと買うのである。一番苦手な客は、広沢虎造とかの浪花節を、何回も聞く客で、これは一二インチの大盤三枚組くらいで、これをくり返し聞くのだった。

　それは、聞いてなかをたしかめるためではなくて、かれらの手回し、ゼンマイ――蓄音機ではなくて、うちのは電蓄だったから、それで聞きたかったからである。電蓄はオトがいいのである。またかれらにしてみれば、レコード一枚聞くたびにゼンマイを巻く手間が省けるからである。

生活に窮して、父が愛蔵のレコードを売ってしまうまで、つまり戦争中は、「シャンソン・ド・パリ」という何枚か入りのアルバムをはじめ、洋楽があり、これを何度も聞いていたから、ぼくは耳がこえていた。これらのレコードを聞く時は、雨戸を閉め切って、オトが外にもれないようにする心得が必要だった。敵の音楽を聞いていると、誰かが密告するおそれがあったからである。人に聞かれる以前に、こんなにのびのびと歌う音楽は、それじたいの中に罪をかくしているような気がしたものだ。三年生か四年生の時だったかに聞いた、ジャック・イベールの「寄港地」というのを聞いたおどろきは忘れない。

そうしたレコードの中に「ファシストの歌」というのがあって、これは大学院生になってから見たヒトラー映画、レニ・リーフェンシュタールの「意志の勝利」だったか、その冒頭にかなでられる音楽で、この音楽の伴奏のうちに、ヒトラーの乗った飛行機が雲の中から現れて、ニュルンベルクのナチ大会に向かうさまが描かれる……。

なぜこんなことを思い出し、書いているのだろうか。今の子どもたちは有名学校に行かねばならないから、一刻もおしんで宿題をしたり、塾にかよったり、部活に専念したりしている。それなのに、ぼくの子ども時代には、そんなことは考えもしなかった。ただひたすら、生活のためにこんなことをしていたのである。

ヤミ商品事件――タバコ巻紙、自転車タイヤ

とにかく売れそうなものがあると、そこに行って仕入れてきて、店に置いておくのである。ところがそれらの商品のうち、二つが、警察だか税務署だかによって摘発された。一つはタバコの巻紙である。

大人たちはタバコを、どこかから刻んだのを手に入れてきて、それを、三省堂コンサイス辞典のような薄い紙で巻いて吸っていた。戦後、辞典は重宝したのである。タバコを吸うために。しかし、ぼくのいたあたりでは、そんな辞典を持っている人はあまりいなかった。

そのうちに、タバコを一本だけ巻くサイズに作った紙片があらわれた。このような薄い繊細な紙をインディアン・ペーパーだというのを知った。その紙にタバコを包んで巻く、アルミニウムで作った、小さな道具があらわれた。それで巻き寿司を作るようにして巻く。母は、これなら売れると思って、何個か、紙とともに売ったらしい。それが専売法違反ということで、没収されたあげく、多額の罰金を支払わされたそうだ。ぼくは、自分がリュックサックにレコードをつめて持ってきてかせいだあの利益を、全部払っても埋まらない金額だと推察した。

同じ頃、祖父が警察に現行犯でつかまった。自転車のタイヤを何本か、かかえて歩いていたところ、それが違反だったらしい。警察に連れていかれ、両方の鼻孔に火のついた巻きタバコをつめられて、拷問されたという。祖父にそのことを直接聞いたのではなく、母からのまた聞きだ。ぼくは子ども心に、税務署と警察を憎むようになった。かれらはやっと暮らしているみじめな者の生活の破壊者だと。

しかしこんな苦労は、後にマルクス主義経済学者となる、少年かつぎ屋、山之内靖のなめた辛酸とは比較にならぬささやかなものだと知った。

山之内靖のばあい

この男とは、東京外国語大学での教員同僚として知り合った。一九六六年、二年間のボン大学への留学から帰ってみると、見知らぬこの男がいた。その前年に経済学担当の専任講師として赴任してきていたのだ。教授会で、何をもおそれぬ、まっとうな発言をするので注目していた。そのうち大学紛争がはじまって、ぼくはだいたいかれの意見に共感する少数派として行動を共にしていた。大学紛争がなければ、あれほど心うちあけて、深く話し合う間がらにはならなかったろう。

かれはぼくより一歳年上で、埼玉の宮代町に建てた家から朝早く毎日、やはり同じ経済学関係の同僚との相部屋の研究室に出てきて、夜遅くまでアダム・スミスやマックス・ウェーバーの読書に没頭していた。

学生と教授会のいずれもがいやになり、どうにもならない気晴らしのために、都電で大塚まで行って、そこでパチンコをやった。常連は原卓也とイタリア文学の河島英昭だった。この二人がパチンコに巧みなのは予想の範囲内だったが、山之内は全く意外なことに、この面でもうまいもので腕はさえていた。単にうまいというだけでなく、練習しなくても本質的にうまい、どこか、天才と呼んでいいセンスを感じさせた。これがぼくをしてますますかれに敬意を深めさせる動機になった。

その後あるとき、ぼくはドイツでおぼえたドライブの味を日本でも経験したくなり、当時発売された軽自動車、ホンダのN360というのを買って、山之内と河島をのせ、山之内が育った奈良に行こうということになった。

山之内の父上は、奈良軍管区の司令官だった（この位階名が正しいかどうかはたしかめていない）。そして何よりも、あの「国家総動員法」（一九三八年）の発案者だと山之内は語った。この法令のせいで、家庭から鉄などの金属製品、寺院からは梵鐘《ぼんしょう》までが徴発されて兵器となった。いや学徒出陣すらもこの法令に由来するだろう。だから父上は、敗戦後はもちろん公職追放になった。

生活の途を断たれた山之内一家は、父上と、家族の中でただ一人健康だった山之内少年と二人で米のかつぎ屋をやるしかなかった。

ここで若い読者のために「米のかつぎ屋」がいかなる職業であるかを説明しておかねばならない。当時米は「配給制度」のもとで管理され、各人に割り当てられた量以上の米を売買することは法律で禁じられていた。しかし、この量だけでは生命を維持できなかった。それでも国民の大多数が生きてこられたのは、皆が不正をやっていたからである。その不正行為を「ヤミ（闇）」と呼んでいた。今の政治家は「日本は法治国家」だとノンキなことを言っているが、ぼくらの世代の人間は、法に従っていたら人間は殺されてしまうことをよく知っていた。このことを最もよく知っているのは当の「法治政治家」たちだろう。

その頃新聞をにぎわせた記事の一つに、東大の先生が、この食管法（食糧管理法）をまもったせいで餓死したという事件があった。この先生は、ローマ法だかが専門の人だったから、法学部の先生が、法律を守らずに生き残ることをいさぎよしとしなかったのである。世間は大いに感動した。

ばかまじめだが、学者の偉大さはこのばかまじめさにあることを俗人たちは知ったのである。学者が皆そうであるならば、学者という種族は絶滅してしまうが、といって、いまのように生き残ったずる賢い学者ばかりでは困るのである。

とにかく陸軍中将であった父上と山之内少年は、「ヤミ米」を運ぶことによって家族を支える人となった。

かつぎ屋は、かなり大きな布袋に米をつめて、夜の闇にまぎれて、あらかじめ、ひそかに駅のプラットホームを掘って、土の中に埋めておくのである。当時は今のように、プラットホームはアスファルトで固めるようにはしてなくて、むき出しの土だった。だからそこを掘って米の袋を埋めて、土をかぶせておくことができたのである。

山之内少年は、前もってその駅の手前から汽車に乗って席をとり、車中で待機している。汽車が駅に着くと、父上が、プラットホームに待っていて、米袋を掘り出し、それを窓から押し込むと、山之内少年は受け取り、すばやく座席の下に隠す。その上で父上も乗ってくる。乗客は皆迷惑顔だが、誰もとがめる人はいない。車掌は検札などでまわってきても、見て見ぬふりをするのである。運悪く、ヤミ米摘発を専門にしている役人がまわってきて、見つかると没収される。

ぼくがなぜこのように現場を見たかのように書いているかと言えば、山之内が自らそう話したのみならず、日々そのような光景を目撃していたからである。

山之内はそれのみならず、父上が戦犯として監獄のようなところに入れられている間、母上と兄上が結核だの、精神の病気だのにかかり、果ては亡くなってしまったときに、その葬式を仕切ったとのことである。一二歳くらいの子どもがである。

山之内は、生涯求道者のようにして学問をやった。心のおもむくままにである。それは、マルクスからウェーバーに、さらにニーチェにまで関心がすすんでいった。そして最後には、「総力戦」を論ずることになった。この関心の発生あるいは移行が生じた頃の山之内とぼくはずっとつきあいが途絶えていたので、やや唐突に感じられた。

「総力戦」は山之内の論文から見ると、そこにあげてあるたとえば A. Marwick, *Britain in the Century of Total War*, 1968などの論著が直接のきっかけになっているように書かれている。しかしこの用語は、すでに一九三五年に、ナチのイデオローグの一人となったルーデンドルフ（Ludendorff）が発表した論文の題名、'Totaler Krieg'（トターラー・クリーク）の訳語として考えられるものであることはまちがいない。

日本の「国民精神総動員」が、このナチ用語を直接のモデルとしていたかどうかをぼくは明らかにしていないけれども、少なくとも無関係ではないだろう。山之内は、この戦争中に要求された、総力戦が求める「合理性」が、戦後にも引きつがれることによって、非戦時にも新しい総力戦システムとして機能していると解釈する。つまり、「総力戦」を戦時だけに限定して全く否定的にとらえるたちばから意識的に離れている。

二〇一四年七月一二日、フェリス女学院大学で行われた山之内の追悼・研究集会にぼくが出席したのは、この山之内の「総力戦」論がいかにして生まれたかについての議論を期待してのことだったが、ぼくが期待したような議論は行われなかった。

このことばを聞くと、ぼくは国民精神総動員だの国家総動員法だのを発案した父上と、ヤミ米かつぎで糊口をしのいだ山之内少年、父子の姿が浮かび上がってくるのだ。山之内が生涯の最後にこの「総力戦」問題を提起し、それととりくんだのは、イギリスなどでの議論を引きついだのではなく、語らずにはいられなかったぼくたちの時代の体験と物語が背景にあったからだと思う。

ぼくは宮代町の山之内の家につれていかれたとき、窓ごしに一度だけ元陸軍中将の父上の姿をお見かけした。下半分は障子のようなものにさえぎられていたから、胸のあたりから上のはげた頭の部分しか見えなかった。山之内はぼくに父上を紹介せず、あいさつもさせなかった。日本航空の顧問のようなことをしておられるとだけ山之内は説明した。

何回目かに訪ねたとき、かれは庭の一隅に独立の小さな部屋を建てて、父上と二人で、籠城していると語った。かれの奥さんが父上をだいじにしないので、かれは見かねて、別棟を建てて、ここに父子でたてこもったのだ。そして、かれが食事を作って父の生活を見ていた。「女房の世話にはならん」とかれは決然としてぼくに決意を語った。

これは山之内がいかにいちずに父上のことを愛惜する人だったかを証明している。ある人のやる学問は、それが借り物や請け負い仕事でないかぎり、その人の生い立ちの中に深く根をやどしているものである。学問は決して抽象的な、どこへでも、誰にでも、移転可能な製品というわけにはいかないのである。

山之内は靖《やすし》という「靖国名《やすくに》」をもっている。父上の思いが込められた歴史の刻印を帯びた名づけである。男のみならず、この時代、あるいはその後になっても女でも「靖子」のように、「靖国名」を帯びている人をぼくはたくさん知っている。この時代を知らない戦後の若い世代が靖国神社を悪し様に言うのみならず、存在そのものを否定したがるのをぼくは不快に思う。ある時代の歴史意識——はやりの歴史認識と言いかえてもいい——を、全く失ってしまった後の世代が、輸入された「公認」歴史意識なるもので教条的に否定しようとすることは、歴史の事実そのものをも否定することである。それは国際外交という利害の要求に屈して、事実と意識を否認することにほかならない。それはほんとの学問ではなく、世渡りのためのニセ学問である。

マッカーサー神社を！

靖国神社にお参りしても、戦後しばらくは、それが悪いことだとは言われなかった。しかししばらくすると、それが問題だと言われはじめた。とりわけ政治家の参拝はいけないと。なぜかと言えば、戦犯がまつってあるからだという。

しかし日本の神社というのは、必ずしも立派な人だけがまつられているものではなくて、みじめな死に方をした、時には悪いやつだってまつられることがある。悪いかどうかはわからないが、日本人は、便所にまで神様がいて、それをまつるところだってある。

キリスト教やイスラム教では、神聖で不可侵の、りっぱな神様だけがまつられるのに対し、日本では悲劇的な死をとげた人のタタリをおそれて、まつるという習わしがある。立派な高級宗教、キリスト教やイスラム教と日本の土俗的な低級宗教とでは、まつるという行事の意味は全くちがうのである。

戦後から三〇年もたって、三木武夫首相がお参りしたときは、中国などはあまり文句を言わなかったらしいが、それからしばらくしてから問題になったらしい。これはたぶん、日本の靖国神社嫌いが、中国の政治家たちに入れ知恵をしたんじゃないかと思う。ここのところを突けば日本は参るぞと。

こうして靖国神社を敵にまわした作戦の中で、キリスト教徒と中国・韓国などとの同盟ができた。反靖国教条主義である。

ぼくはこんなことで、ことを荒立てなくてすむように、政治家はひかえ目にすればいいのに、わざわざ八月一五日めざして、これ見よとばかりに一斉にお参りするというのも、また「心の行い」としては正しくないと思う。不幸な戦争に果てた人をいたむのなら、ひそかに夜陰にかくれて、こっそりお参りして、さめざめと涙を流した方がいいが、そんな、心のあたたかい政治家がいるとは思われない。

かつては中国に何か言われると、ぼくも、ひどく叱られたような気になり、心痛むところがあったけれども、いまチベット民族などをこんなにいじめるだけでなく、ワイロはとり放題で、「共産主義」の名誉を傷つける背教者になった以上、そんな連中の意見なんぞ、なんで聞かれようか。

それよりも、ここで忘れないでおきたいのは、マッカーサーが本国からクビにされて日本を去っていくとき、そのことをひどく哀れみ悲しむ日本人の中から「マッカーサー神社」を作ろうじゃないかという声があがったことである。これは日本人の神観念もしくは日本文化史を研究する人にはぜひ忘れないでおいてほしい興味ぶかいエピソードである。

ぼくが『従軍慰安婦と靖国神社』（KADOKAWA）という本を出したとき、靖国神社で写真を撮ろうとしたら、そこの神主さんがそれを許さなかった。理由は、神聖な靖国神社をそんな汚らわしいものと一緒にされたくないからであると聞いた。そんなもののわからない連中から靖国神社を、われらの手にとりもどすことの方が、靖国神社に教条的に反対するよりも、はるかに大切なことだと思うが、どうだろうか。

教科書に墨を塗り、ページを切り取る

このことについては、「墨塗り教科書」として、いろんな人が語り伝えている。つい昨日まで使っていた大切な教科書を、先生の命令で墨を塗って抹消するという、ショッキングな事件として。

しかし、ぼくはほとんどショックを感じなかった。いつものことじゃないかという、むしろどこかで経験したような感じだったからである。というのは、ぼくにはもともと、本には二種類あって、一つは、大人たちが読む正式なもの、もう一つは、子どもには読ませてはいけない内容をはずすだけでなく、ほんものを、子ども用にうすめた、まがいものとの二種類があるということである。

だから今でも児童図書とは、大人が、子ども用に、読ませてはいけないところを削って、内容を薄くした、いつわりの本だという感じが強い。——そうでないものもあると気がついたのは、ずっと後になってからだ。たとえば、岩波の少年用読みものの中にあるバルトス・ヘップナーの『コサック軍シベリアをゆく』などは、大人の本にさえめったに見られない、コサック軍団によるシベリ

ア征服史を述べたものである。

日本語の出版物が、大人用と子ども用に分けられねばならないのは、かなりの部分、漢字のせいである。漢字の知識がない子どものためには、漢字を使わない、別あつらえの特別の本をつくらねばならないのだ。こんなことは西洋にはない。中国の子どもは大変だなあ。漢字以外に、ひらがな、カタカナのような、子どもにもわかる別あつらえの字がないからである。子どもの読み物なんてどうなってるんだろうか。中国人は生涯を漢字をおぼえるために消耗して、ほとんど自分でものを考えることなく生を終えてしまうのではないだろうか。このことは中国人の精神形成史に見逃せない影響をもたらしているにちがいない。

教科書というのは、もともと、子ども用につくられているのだから、ほんとに大切なことは書いてないだけでなく、子どもをだますためのことがいろいろと工夫して書かれている本ではないかという意識がぼくの中にあった。だから、教科書に墨を塗ったり、ページを切り取ったりは、ああやっぱりそうだったんだと、自分の推定がたしかめられて、せいせいした気分だった。

かのヘルダーは二五〇年も前に、ぼくに劣らず次のように教科書をぼろくそに言っているではないか。いわく、「……惨めな教科書を見るがよい。名ばかりの知識、定義、教科書が雑然と乱立する状況に私たちの時代は陥ってしまった。それだから私たちの時代は偉大なものを何一つ提供しないし何一つ案出しない」（『ヘルダー旅日記』一二四ページ）。

教科書検査官となる

先生が、教科書のページの順に、ここを消しなさいと指示していくにしたがって、どういうふうなのがいけないのか、いわばその原則のようなものが次第にわかってくる。そうすると、もう先生の指示なんか聞かなくってもいいのだ。聞かなくっても、どこがいけないのか、自分でわかってくるからだ。いやそれどころではない。先生がいけないと指示しないところにもいけないところがあるとわかってくる。

なぜここは消さないのですかと質問したいところだが、先生はきっと困るだろうなと思って、思いとどまる――教科書なんていいかげんなものだともともと思っていたからだ。

この墨塗り作業は、ぼくをひとかどの検査官にしてしまった。つまり、検査当局の目をぼくに与えたのである。

こうして、当局が変わるたびに絶えず、墨を塗りなおさなければならないのは歴史にかかわる部分である。このことから、歴史は決して科学ではなく、インチキな学問であって、その時代の当局が要求する当座の都合を反映しただけの話であるから、真実なんてめったに書いてないということがすぐにわかる。

だから、歴史家の家永三郎さんが一九六五年に文部省が教科書検定するのは憲法違反だと訴訟を起こしたのは、当然のことだと思った。

その後何度も、当局の教科書への介入に対して、抗議する歴史家たちの集会が開かれた。ぼくは、もともと教科書はウソで信頼しない派だから、何が起ころうがほっておけばいいのに、あまり皆さんでまじめに議論しているから、あるとき、歴史家たちが集会をやっている場に出てみた。一橋大学が会場だったせいもある。――そこでぼくは、スイスの学校では、教科書は、実際に子どもを教えている現場の先生が作ると聞きました。皆さんのような大学の先生は、自分の信念にしたがって研究論文を書いていればいい。教科書は現場の先生にまかせておけばいいのに、なんで大学の先生がそんなに出しゃばるのですか。聞くところによると教科書を書くと、かなりお金が入ってくるらしい。皆さんそんなにお金がほしいのですかと言ってみた。

すると、ぼくのすぐ前にいた永原慶二さんという人が、こわい目つきでぼくをにらんだ。「わたしたちが書かなければ教科書はもっと悪くなる」と、こわい目つきをぼくに向けたのは、永原さんだけじゃなかった。ああ、この人たちとぼくは、なんて考えがちがうんだろうと、引き下がったのである。引き下がってみたが、なお次のような懸念は残る。この人たちが権力をにぎったら、教科書はまたかれらの教条にもとづいて検閲され、管理されるであろうと。

回虫のフォルマリン漬けを眺めながら

戦後しばらく、一九六〇年頃までは、たいていの子どもは回虫をもっていた。畑の肥料にはほとんど人糞を用いていた。人糞は、回虫の卵でいっぱいだったと人々は言っていた。風が吹くと、それが土ぼこりとともに舞いあがって、鼻や口に付着し、それが体中に入って、成虫になるという説明は極めて説得的だった、小中学校では、まくりという海草を煎じて、子どもたちに飲ませ、回虫を駆除していた。それがどれだけ効果があるかはすこぶる疑わしく思われた。

ぼくはどんなに食べても、がりがりにやせているし、体はいつもだるい。これはたぶんぼくの体中に回虫がうようよ巣食っているせいだと想像し、何が何でも、これを排出しなければならないと考えた。回虫は腹の中だけではなく、脳の中にも侵入するのだと誰かがまことしやかに話した。ぼくは、回虫が、自分の頭の中にまで這い上がってきて、脳みそをかじる様子を想像するまでになった。

思いあまったあげく、どこで調べたのか、回虫に最も強力にはたらくのが、ヘキシルレゾルシンという物質だと聞いた。それで、これを含有する製剤を薬局で手に入れて、ある日服んでみた。中学生だった。当時は水洗便所なんかなかったから、便は洗面器に排出し、それに水を注いで箸でかきまぜ、便をとかして流せば、排出した回虫は無事回収されるはずだ。

それで、翌朝、万全を期して、そのような態勢をととのえた。洗面器に水を満たし、割り箸を使って内容物をかき分けると、もつれた紐のかたまりのようなものが現れた。回虫がからまりあってボール状となり、その量は一握りもあるかのように大きかった。それは赤いのと白いのとがからまりあっていたので、それ以上解くのはやめた。ぼくはこの戦果に心から満足し、これで身も心もすっきりした気持ちになった。このことを書くにあたって、最近のことだが、薬剤師の免許を持っている知人に、ヘキシルレゾルシンて何だと聞いてみた。かれが調べたところによると、アメリカで家畜の寄生虫駆除に使われている劇薬だという。戦後アメリカ軍は、これを日本人の体に使うようひろめたらしい。日本人をブタ扱いしたなどと怒る前に、ぼくは、このような思いきった治療を自分自身でやるようにすすめてくれた当時の占領軍政策に感謝するものである。

この何匹かは数えることのできない、からまりあった回虫のかたまりは、標本保存用のびんに入れ、フォルマリンを満たして密封した。これをぼくは机の上や、食卓の上に置いて、食事をしながらあかず眺めた。これが出たんだからぼくの体と頭もすっきりしているはずだと自分自身を説得でき、自信が持てるからであった。

しかし残念ながら、このびんは何回目かの引っ越しの際になくしてしまった。今は、これを人に見せて自慢できないのが甚だ残念である。

回虫は、なまの下肥、つまり糞尿をためておいて、それを畑にまくのだから、野菜は回虫の巣だった。やがて下肥は化学肥料にかわったから回虫は絶滅し、それはまた別の害をもたらすことになるのだが、東京の郊外にも多くの畑が見られた当時、風が巻き上げた畑の土ぼこりが茶色のほこりの幕となって押し寄せてくると、それがぼくには回虫の卵の散布を受けているように思われた。

大学院生となって国立に住むようになった一九五八年頃、駅のすぐ近くにスバル座という小さな映画館があった。その便所は映画館でもまだ溜め置き式で、時には客席にまでにおいが漂ってきた。こうして、ぼくには映画館はかならず便所のにおいのするところという観念が生まれた。廊下の窓を開けるとそこからは、青い麦畑がひろがっていた。風が吹くと砂ぼこりが立った。回虫の卵が、鼻孔から、目から口から、いたるところから侵入してくるような気がした。

しかしこの回虫を体内に飼っていたおかげで、絶大な免疫力ができるという。たぶんそのせいであろう、ぼくは花粉症などという恥ずべき軟弱な病気なんぞにかかったことはない。

ぼくは子どもの頃から、うんこには深い関心があった。いつも下痢をしていて、気がつかないうちにパンツの中に液状にもれるようなぐあいだった。多くの子どももそうだったにちがいない。小学校でも、一時間の授業の間もたないで、便所にかけこむやつもいた。当時の便所は言うまでもなく水洗ではない。だから、今のように特別の紙も置いてなかった。たいていは、新聞紙を破って使ったのだが、それも手元にないときはどうしただろうか。

あるとき、ぼくは決定的瞬間を見てしまった。一人の男の生徒が、突然立ち上がって、教室のうしろの壁際を通る際、壁に貼りだしてあった習字の作品をさっと剝ぎとって、便所目がけて疾走した。そのせっぱつまった顔は真剣そのものだったので、その一瞬の早業にぼくは感嘆した。あとでそのことを他の者に話してみたところ、誰も見なかったと答えた。知らないなら、だまっていた方がいいと、そのままにしておいた。それは、神業と呼んでもいいほど、賞賛すべき手際であって、決して非難するべきものではないと思ったからだ。

ぼくは他の人に比べて、うんこの話を持ち出すことが多いと指摘される。それはそうかもしれないと思う。ぼくの健康状態が、いつもうんこに関心を持たざるを得ないようにさせたのみならず、うんこの排出のみならず、それへの観察が、ぼくの科学精神、探究・究明精神と、しっかり結びついていたからである。

それにまた、人のせいにするわけではないが、母親は、巧みにうんこの話をする人だった。ハイデルベルク大学の教授になったウォルフガング・シャモニが、ぼくの故郷の家を訪れた時、掘りごたつに足を延べながら、ぼくの母が夜中の二時まで、ずっと、うんこをめぐって起きた諸事件について、とめどなく話したのには驚嘆したと何度も思い出話をしていた。

シャモニも、それにこたえて、ブリューゲルの絵の中に、子どもがうんこの山を棒でひっかき回しているありさまが描かれている話をした。このように、うんこの話は国際比較の場を得て、ひろがり、また深まるのであるが、ここで思いきって、残念ながら打ち切りにするべきだ。

中学生になって

中学時代の思い出

ぼやっと過ごしていたぼくは、いつ、どのようにして中学生になったのかおぼえていない。同じ校舎の同じ講堂に集められて、君たちは今日から中学生だと言われたように思う。そして、国民学校の卒業のくぎりを印づけるために、修学旅行を行った。行きさきは、毎年夏になると海水浴に行く海岸まで六つほどの駅を汽車に乗って行った。何も目新しいことはない、ふつうの遠足と何も変わるところはなかった。

その時よくおぼえているのは、汽車に乗るのははじめてだという級友がいたことだった。かれは汽車が動きはじめると、世にも不安な面持ちになった。乗っている大きな箱がガッタンと動きはじめたときのかれの表情は忘れられない。車輌は席のある客車ではなくて、何もそのような設備のない、がらんどうの有蓋貨車だったように思う。

かれはよく勉強ができた。子ども心にも、こいつがほんとの秀才だと思ったものだ。かれは、後に、ぼくの町よりも、さらに山の奥に入ったところの小学校の校長になった。そして、意外に早く亡くなってしまった。

克彦くん、好きな女の人は？

中学生になったと言われても、それまでいた同じ校舎の中じゃ、まったくその気になれない。が、しばらくしたら橋を渡った川の向かい側に新築の校舎がたった。そこまでは歩いてたった一〇分くらいだが、橋を渡って川の向こうに行ったというだけで、別の町に来たような感じがした。教師も新しい、それまで見たこともないような人たちがやってきた。

その中に、いま考えてみると、二〇代後半くらいの、パーマをかけて眼がきらきら光っている女先生がいた。この人は、ぼくがいままで聞いたことのない質問を突然発することがあるので落ち着かず、近づかれると何となく避けたい気持ちがしていた。ところが、ある時、校庭の川沿いに近い道を歩いていたら、突然、うしろから声をかけられた。「ねえ克彦くん、克彦くんはどんな感じの女の人が好き？」というのだった。

次に同じ質問におそわれたのは教室の中だった。洋服の広告で、モデルになった女たちの写真が示された。その時ぼく一人だけでなく、他にも男の友だちがいた。それで、とにかく答えなければならないから、「これ」と言って中ほどに写っていた女のところを指さした。するとその先生は、「なあーんだ」と、ばかにしたように言った。ぼくは、何かひどい間違いをしてしまったような気がして、夢ゆめ、こういう質問には、正直に答えるべきでないと思った。今なら、「先生のような人が好き」と気のきいた答えができるのだが、その頃、そんな知恵はぼくにはなかった。その先生は、ちらしの広告に出ている女の人よりははるかによかったのだから！　しかしいまこうして忘れられない思い出として、よみがえってくるところを見ると、そのきらきら瞳を輝かした若い女の先生が好きになっていたかもしれない。いな、好きにならされたという、とてもいい気持ちを感じるのである。

　にもかかわらず、その後ほどなく、まったく同じような間違いをやってしまった。今度は父親だった。ある時、中学三年の頃だったか、これも話の前後なく、「克彦、おまえ、どんな女が好きだ。例えば映画に出てくる女で言えば」と聞いてきたのだった。ぼくはちょっと考えてから「若尾文子かな」と答えたところ、父は「なーんだ、あんな女か」と言った。ぼくはここでしまったと思った。あの女の先生の前でやったのと同じ間違いだ。父は原節子だったらしい。

中学時代の同級生と。左端は筆者。後の二人はいずれも疎開による流入者

　ぼくは一九五〇年代に鎌倉の扇ヶ谷《おうぎがやつ》に住んでいたが、その頃、この家の近くには渡辺はま子が住んでいる、あそこには原節子が住んでいるなどと教えられていたが、両方とも同じ時代の人とは思われなかったの

で、あまり関心はなかった。

ところがきのうの深夜ラジオで原節子がすでに九月（二〇一五年）に九五歳で亡くなっていたと聞いて、いち早く父に知らせてあげなければと思ったのだが、父はとっくにいないから伝えようがない。

父の失敗——「前をめくる」

中学の英語の時間だった。岩上という男の先生で、ある日小さなテストをした。そして、おまえら、女の子はそろそろ月経がはじまる。月経のあるやつは、答案用紙の一番下のところに、「ある」と書いて出せ、と言いおいて、教室の外に出ていった。

答案はいつものように、めいめい裏返して教卓の上に積んで提出したのだが、悪童の一人が、前に出て、答案用紙をめくって見ようとした。すると女の子たちは教卓のところに走り寄って、答案用紙を押さえた。ぼくは家へ帰って父にこのことを次のように話した。——男の子たちが、前をめくって見ようとしたら、女の子たちが前に出てそれを押さえたんだ。

すると父がすかさず聞いた。前をめくったらそんなこと（月経があるかどうか）がわかるんかい？　と。これは父の勝手な勘違いだ。

それでぼくは、「前」って、それは教室の前の教卓のことだよ。

たちまち父はことばにつまり、顔は真っ赤になった。——これで父が何を考えていたかがばれてしまった。かれは、「前」を女の子の「からだの前」だと勘違いしてしまったことがあきらかになったのである。

これはもちろん父にとってははずかしいことだったが、ぼくにはもっとはずかしいことだった。

「お父さん、ぼくにこんなにはずかしい思いをさせないでほしい」と言いたかった。

この話は、ぼくに「おまえはひどい場所に、ひどい家に生まれた」と言い渡した時と思いあわされて、ちょっと複雑な気持ちの思い出になっている。

「前をつくと汁が出る」話

それからずっと後になって、ぼくが五〇代になった頃、「女の子の前をめくればわかる」でひどく父を困惑させた、あのモチーフとよく似た話が江戸時代前期に記録されていることを知って感無量だった。今から思えば父はその頃まだ生きていたから、そのことを話してあげればよかったのに。

その昔話というのはこうだ。

――摂津の国の中島というところに大百姓で後家の尼さんがいた。毎年中津川の堤防が切れるので、近隣の百姓たちが協力して、尼さんの家のたんぼの前の土手を築いた。工事の時、尼さんは、工事の人たちに、昼食の汁をふるまった。ところがある年、尼さんは汁を出さなかった。工事の男たちは、どうして今年は汁を出さなかったのかとたずねると、後家さんはこう答えた。

　いつもは、私の前を築《つ》かせられますので、汁を出しましたが、今年は、私の地所よりも下《しも》の堤が破れましたため、隣の毛の上を築《つ》かせられます。それなのにどうして脇から汁を出せましょうや。

ここにいう「毛」とは稲の収穫を言い、田畑の意味にもなると、現代語訳をやった武藤禎夫さんは注をつけている。そういえば千葉県に稲毛という、妙な地名があるが、この説によれば、「稲田」というような意味になるから合点がいく。

この話は『昨日は今日の物語』（平凡社東洋文庫）におさめてある。この物語集は、ぼくが好きこのんで読んだのではない。

一橋大学大学院だけでなく、その後もずっとぼくの先生であった亀井孝が、一九六〇年代にベルリン大学で講じた「天皇支配についての一言語学者の考察」というドイツ語の論文を、ぼくは日本語に翻訳して何とか世に出したいばかりに、先生が用いた文献を一生懸命に勉強した結果だ。その成果は、亀井孝「天皇制の言語学的考察」として『中央公論』一九七四年八月号に発表され、ひろく読まれた。先生は天皇を呼ぶ名として、御門、主上、皇帝、天子などいくつもの称号をあげ、それらがあったのに、それらをはねのけて、どのようにして「天皇」が明治になって首座を占めるようになったかを述べた論文だ。その中で、この『昨日は今日の物語』が用いられていたので、その場所だけ見ればよかったのだが、あまりにもおかしい話ばかりなので、ついつい全体を読んでしまった。

で、いくつかの極めて気に入った話を先生にしてあげたところ、そんな話あったかい、君はよくおぼえてるね、よっぽど頭がいいんだねと言ってくださった。これは単純にほめことばととってはならない。言語学者なら、話のおもしろさにつり込まれてしまって道を失うことなく、本来の目的に従って、ひたすら、ことばの特徴を凝視しなければならないはずだ。言語学者はおもしろいこともおもしろいと素直に言えず、禁欲しているうちに、おかしな、ゆがんだ性格になってしまうという、かわいそうな学問の犠牲者だ。

この点、大野晋《すすむ》さんは、ことばそのものをおさえながらも、こういうヘンなことも、忘れずしっかりと押さえているようなふつうの人、俗物だ。ぼくも俗物だから大野晋さんには、かくせない親しみを感じてしまうのである。

父には完全に負けた話

父はこういう、「不用意」な失敗をぽろりとやってしまう人だったから、ぼくは時々、困らせてやろうと、きわどい質問を思いついて、試みてみることがあった。

よくおぼえているのには、こういうのがある。ちんちんは外にぶらさがって、じゃまになることがある。どうして神様は、人間の体をこんなふうに作ったのだろう。とりはずしができるようになっていれば便利なのにと。ぼくはうまい質問を考えたものだと、内心得意になって父の答えを待っていた。

すると、父は、もし、とりはずして、どこかに置き忘れでもして、見つからなかったらどうするんだいと答えてきた。ぼくは答えのあざやかさにぐうの音も出なかった。完ぺきであった。ぼくはそれ以後、父にこういう問答を試みることはやめた。

英語の発音記号の思い出

上のようなことを書くと、ぼくがヘンな父とヘンなやりとりばかりしていたように思われるから、少しまじめな話も書いておこう。

英語は岩上先生のほかに、アメリカ帰りの、話すのもほんとにうまい渡辺先生が教えるようになっていた。その先生の家には、何人かで勉強に行っていた。すばらしいテノールで賛美歌を歌い、奥さんも小柄な日本人で英語がうまかった。何でこんないなかに、こんなハイカラな先生がやってきたんだろうとふしぎに思ったものだ。

英語はぼくにはわけのわからない変なことばだった。なぜ one と書いて、オネと読まずにワンというのか、fire がフィレじゃなくてファイアなのか、これを説明してくれる人はまわりにいなかった。それでぼくは辞書をしらべて、テキストのすべてを発音記号だけで書いてガリ版を切り、それを印刷して友だちに渡し、これを英語で書き直してみろと宿題を与えた。

この時、ぼくは発音記号というもののすごさを知った。なぜ英語を発音記号だけでやらないのかと。渡辺先生は、ぼくを変な子だと思ったらしいが、奥さんの方は、そのことでぼくをよくおぼえてくれていた。

民主主義と投票

渡辺先生からは、ぼくは英語以外にも大切なことを学んだ。それは民主主義の選挙ということだった。たぶんあれは、戦後初の総選挙で、一九四七年だったろう。民主主義の選挙がどういうものであるかを、日本国民に教育するつもりだったと想像されるが、とにかく全住民を投票に行かせるようにしつけるのが政府あるいはアメリカ軍の方針だったようだ。教師あるいは政府は民主主義というものを教えるために生徒を動員したのだろう。そこで、中学一年生は手分けして、リヤカーを引いて、歩けない老人の家に行った。ぼくたちの組は、リヤカーにはござをしいて、そこに、むりやり、「いざり」（とその頃は言った）のおばあさんを抱きかかえて乗せ、投票所まで連れていった。そうしたおばあさんやおじいさんは、たぶん誰に投票したらいいか見当もつかなかっただろうし、そもそも、字が書けなかったかもしれない。それでもとにかくぼくらに与えられた任務は、むりやり、そうしたおばあさんを投票所に連れていくことだった。

こういう「むりやり」方式には、すでに戦争中に訓練をうけて慣れていたので、何のふしぎもなかったのである。何か「いいこと」「正しいこと」は、何ごとであれ、強制によってしか成されないという考えは身についていた。

それがすむと次は、投票に行っていない家に押しかけて、「投票に行ってください」と、しつこく強要することだった。あの何ごとにつけ先進的な渡辺先生の家がまだ投票してないというので押しかけていった。

先生は玄関に現れて、「民主主義には投票しない自由もあるんだ」と、いきなりどなったのである。ぼくは全く意外なことばに心から驚いて、ことばも出なかった。このりくつはぼくにはすぐには納得できなかった。何という勝手な人だろうかと。それを受け入れるのには何年もかかったのである。りくつとしては受け入れることは受け入れたけれども、その時に不意打ちを食らったという不快な感じは、いまもそのまま残っている。そしていまは民主主義は、りくつではなく、感性の問題だと感じている。ぼくは、戦時中の感性がいまもまだ抜けていない、できそこないの民主主義者なのだ。

大学生になってから、神戸に移ったその先生の家に招かれて泊まったことがある。ミスィズ・ワタナベは、特別にしつらえたベッドにぼくを寝かせてから、耳もとで「おやすみ」とささやいた。そのささやき方があまりにも甘く感じられたので、ぼくは何ともやるせない気持ちになって、もっと頬を近づけるか、それともずっとそばにいてほしかった。ミスィズ・ワタナベにはその後一度もお会いしていない。これが最後の思い出になった。

エンゲルス『空想より科学へ』

戦争に負けて、教科書に墨を塗ったり切り取ったりしているうちに、何となく今日から君たちは中学生だと言われ、その中学生も商売をしたり、わけのわからない日々を過ごしているうちに、三年がたち、修学旅行をするのだと言われた。

小学校の時の修学旅行は、遠くはない、行き慣れた、夏休みには必ず行く海岸まで汽車に乗っていき、弁当を食べて帰ってきただけだった。それにくらべれば、中学の修学旅行は、遠くはないが、といっても近くはない京都と奈良で、それぞれに一泊したようにおぼえている。一九四九（昭和二四）年だった。京都は都会といっても、ぼくの目にはいなかっぽくてあかぬけず、あまり興味の持てない町だったし、奈良は大きな黒ずんだ仏さんと公園で、たいくつ極まりなしだった。それよりも、こんなだだっぴろいところを歩くのは疲れるし、何で、こんなところまで来るのだろうかと思った。

　つまり、京都と奈良はどこを見ても、ぼくには見慣れたいなかで、疲れるばかりでたいくつだった。こんなふうにしか感じられなかったのは、ぼくに歴史の知識も感性も欠けていたからであろう。

　一つだけ張り切って見たのは京都の本屋だった。あれほど多くの本が並んでいるのを見るのははじめてだった。

　わずかな小遣い銭で三冊買った。いずれも岩波文庫――当時は文庫といえばそれしかなかった――で、エンゲルスの『空想より科学へ』とファラデーの『ロウソクの科学』、もう一冊はよくおぼえていないが、ガリレオの『新科学対話』だったように思う。いずれも「科学」がついているところが魅力で、要するにぼくは科学少年だったのだ。ファラデーは実験の話でつまらなかった。『空想より科学へ』の方は、全体がおもしろいとはとても言えないけれども、気になることがあちこちに書いてあり、ぼくが期待していたのとは異なって、社会主義の歴史だった。

　そこには、社会は一定のある法則に従って発展するものだと述べてあることは理解したが、そんなことがほんとにあるものだろうかと感じたけれども、話の筋がすっきり通っているのが気に入った。

　エンゲルスがここに提起している問題は、ぼくの心から去ることなく、生涯ぼくから離れることなく、どんな勉強をしても、まとわりついてきたのである。いまもまだそうなのである。

　その後ぼくはドイツ語がわかるようになってから、ドイツ語の原文にあたって、エンゲルスの言いたい真意にせまろうとしたのである。エンゲルスはうそをついているのではない。かれの信念にもとづいているのである。かんじんの一節はこうなっている。

「この法則は、生産者から独立して、生産者の意志に反して、盲目的に作用するところのこの生産形態の自然法則」（七二ページ）だとさえ断言する。つまり、人間の意志を無視し、ときにはそれに反して徹底的に貫徹する法則が社会にあるというのである。人間の外に法則があって、人間はその法則の外には出られないのだと。たとえば、法則に従って革命がおとずれると、人間はそれを避けることができないのだと。そうすると、人間は社会を造る主体でありながら、革命をやろうという意志とは関係なく、法則として、自然に社会が変わるのだから、革命をやろうなどと企てるのは無意味だし、苦労し、また多くの犠牲者を出して、革命をやるのはまったく無駄だということになる。ほっておいても革命は法則として訪れるのだから。しかし、ほんとにそうなのだろうか。——こういう深刻な疑問を抱きながら、ずるずると高校生をやり、大学生になっても、だらしなく過ごしている自分は、何という怠け者だろうと感じていたのである。

マルクス主義と青年文法学派

しかし、言語学をやりはじめた時に、次のような発見があった。一九世紀半ばに、ドイツに青年文法学派というのが現れた。この一派は言語の変化（かれらの用語によると進化）には一定の規則性があることを発見し、それを「音韻法則」と呼んだ。音韻法則は例外なく、「話し手の気づかぬままに、純粋に機械的に」「盲目の自然の必然性をもって言語に作用する」と宣言したのである。

この言語学の成果を信じた人たちは、言語学こそが、人文科学の成果の中では科学としての頂点をなし、最先端をゆくものだと賛嘆したのである。ぼくも心情的に青年文法学派になってみたかった（ところが、この科学主義を、本気になって批判したのが、ソ連のニコライ・ヤコヴレヴィチ・マルという人の言語学だった。この人については『言語学とは何か』（岩波新書）などでふれたが、これはぼくがソビエト言語学に引きつけられる強い動機の一つになったのである）。

しかしこのばあいにも、話し手がまったく気づかぬうちに、つまり言語は話し手の意志も都合もよそに、独自に勝手に変化するものだろうかと素朴な疑問を抱かざるを得なかった。それにまた、人は、この変化はどうも気に入らないけれども、法則だから受け入れなければならないなんて思って言語の変化に従うはずがない。ことばは自然ではないのだから、それを話す人間は、気に入らなければその変化を受け入れないだろう。

この問題を日本語の歴史にうつして具体的にあてはめてみると、次のようになる。今日日本語でふつうに発音されているハ行の音は六、七世紀頃にはパ行の音で、すなわちｐで発音されていたことが間接的に証明されている。すなわち、ハナ（花）、フジ（富士）、ホネ（骨）は、それぞれパナ、プジ、ポネと発音されていた。それが、一六、一七世紀頃、ｆに近いオトで、すなわちファナ、フジ、フォネを経て今日のｈに到達したと。このような「ｐ→ｆ→ｈ」という、子音変化の「音韻法則」が話し手のまったく気づかぬうちに、言語が自らの規則によって進行したことになる。

興味ぶかいことに、エンゲルスのこの主張が書かれたのが一八七八年ならば、オストホフ、ブルークマンという青年文法学派を代表する二人の言語学者が、この音韻法則の無例外性を宣言したのも、同じ一八七八年だったのだ。

科学史の上で見逃してはならないこの興味ぶかく重大な事実について、経済学ではもちろん、——経済学者で言語に関心を抱いたアダム・スミスのような人はいまはどこをさがしてもいない——誰も気づいていない。ぼくは、経済学が先か、言語学が先か、どちらが先か後かは、ここでは論じないが、注意すべきことは、人間に関する現象が、「自然現象」と同様に「法則」的に生じるという、この思想が、学問の異なる分野で同時に発生したことである。

言語学における、この自然科学主義をみごとに摘発したのは、かのコセリウさんであって、人間現象はどう研究されなければならないかを、ぼくはこの人の著作から根本的に学びなおしたのである。それを学んだのは六〇過ぎて、大学が定年になるころになってからであった。

こうした問題を、決してはっきりさせないまま、もやもやとしながら、マルクス主義に心寄せる少年へと、そして高校生となったのである。

第二章　東京へ

高校生となる

兵庫県立八鹿《ようか》高校から都立戸山高校へ

今の中学生だったら、大学までを視野に入れて、どこの高校に入るか、私立か公立かなどと考えるだろう。しかしあの頃はそんなことを考える余裕はなかったし、私立高校なんてものは、もともとぼくの地元にはなかった。いつの間にか中学に入ったように、いつの間にか、すぐ近くの県立高校に入った。そこはかつて蚕業学校《さんぎょう》と呼ばれていたところで、そこの桑畑で、祖母の背中から、蟬の抜け殻や、飼われていた豚の鼻の穴をじっとながめたりしたところだ。それが戦後、普通科と農業科をそなえた新制高校に変わったのである。試験は兵庫県の統一試験で、その前夜、すぐ裏山のふもとにある母校の小学校の火事があった。夜中から焼けはじめ、明け方に半分以上を焼いて鎮火した。ぼくは出かけていって、机や椅子の運び出しを手伝って朝になった。つまりあまり眠っていなかったのだ。試験の成績は知らされなかったし、ぼくも知ろうと思わなかったが、満点だったか、それに近い点だと聞いた。しかし、それは驚くにあたらなかった。同じ中学校に満点が三人いたというから。兵庫県の統一試験は、とてもよくできた問題だったのだろう。試験の前日によく眠ったかどうかは、成績とあまり関係がないと思う。そのようにして入学したこの高校で過ごした新学期の三か月ほどを、ぼくはあまりおぼえていない。

その数か月後、八月に、ぼくは東京都立戸山高等学校の編入試験を受けて合格し、そしてそこに転校した。しかし気分は新入生だった。転校した転入生たちは、なかなかの意気込みのあった人たちだったらしく、いずれも戸山高校生なら当然入るべき大学に入った。その一人に、後に人類学者となった須江（原）ひろ子さんがいる。彼女はぼくと同じ時に福岡から転入してきたと聞いた。ぼくはこの転入組の中では、その後のぼくの受験経験から見ると、学校に申し開きのできない落伍者だった。

考えてみれば但馬のいなかから東京への転校はたいへんなことだったはずだが、それがどのように進んだかはほとんどおぼえていない。戸山高校受験への道をつくってくれたのは、ぼくの郷里の地元に近いところの出身の人で、上野か浅草あたりの都立の高校で教えていた人だった。戸山高校のその頃の平田巧校長も、ぼくの地元に近いところの出身者だったらしく、こういう人とのつながりはみな、父がさがし出してつけてくれたらしい。――すべてがはっきりせず、例によってまるで薄明かりの中だ。どれだけ多くの人の世話になったかもしれないのに、申しわけない。

父も、こんなに苦労して転校したんだから、しっかり勉強して、いい大学に入るんだぞ、などとは一言も言わなかった。すべてが自然にすすんだ。このことはほんとにありがたい。

このように東京への一足とびの転校がかなったのは、住むところがあったからだ。父の妹夫婦が、新大久保から高田馬場方向にちょっと歩いたところにある公務員住宅に住んでいて、子どもがいなかったので、ぼくを引き受けてくれた。その、戦後いっせいに各地に建った、誰でも知っている様式の、どこにでも見られた公務員住宅は四階か五階建てで、今は取り壊して、その跡地にグローブ座が建てられたその一帯は山手線の電車からでもよく見える。

ぼくはまったく知らなかったのだが、戸山高校は、世に知られた有数の進学校で、日比谷とか新宿、小石川とかの都立高校と、東大合格者数を競っていた。こんなことは書きたくないのだが、世間ではこういう言い方をしているので、それに従っておく。しかし、戸山高校の教師は、一言も、そんなはしたないことは言わなかった。日本史の教師だけが、東大に入ったときの親の喜ぶ顔を想像してみろ、これはこうおぼえるんだぞと、しつこく、くり返し説くのだが、そういう教師はあまり尊敬されていなかった。ほんとはありがたい人だったのだけれども。

それどころか、教師できちんと教科書を使う人もいなかった。教科書ではなくて、岩波文庫を買わせて、半年はそれだけを使うのだ。社会科の中村先生は、今でも売られ続けている『ソクラテスの弁明・クリトン』を読ませた。ぼくには、中村先生の顔がだんだんクリトンに見えてきて、ついにはクリトンそのもののように思われた。級友もたいていそうだったらしく、同窓会では、その先生のことをクリトンとしか言わなかった。

クラス担任になった国語の宮本三郎先生は、芭蕉研究ではかなりな人で、高校などで教える人ではないと生徒たちがうわさしていたが、この先生が教科書を使わなかった度合いはもっとひどい。教科書で教わったのは北村喜八の『芝居入門』だったが、これとて原文は岩波新書からとってきたものだった。先生は小林一茶の『父の終焉日記』を読ませた。この岩波文庫は当時絶版なのに、それを古本屋でさがして自分で手に入れるよう命じた。そんなものは神保町の古本屋を何軒もまわらないと見つからなかった。級友が、どこどこの店にあると親切に教えてくれたので助かった。この時に、神保町にはどのような古本屋があるのか、また、国語・国文を専門とするのはどの店かなどを大づかみに知り、古本屋で目的の本をさがし出して見つける喜びをおぼえた。このようにして、生徒に古本屋に親しむようにさせるのが先生の策略だったのかもしれない。いずれにせよ、もともと教科書はウソを伝えるもので、読むべきものでないと思ってきたぼくには、教科書を使わないこの先生たちが、みな、ほんものの教師だと思えた。

ぼくが、大学の授業を聞くのとほとんど同じような気持ちで楽しんで聞いたのは地学と生物だった。地学の小島公長先生は北海道大学で地質学を専攻した方だった。一年間の授業が終わったところで先生は、私は大学で学んだ地質学を、これで、皆さんにほとんど全部話しました。足りないことは、実際にクリノメーターを持って、野外に立つことだけです、と言われたので、ほんとに感激した。先生は授業を受験用にではなく、学問として教えられ、また学問は読み聞くだけではなく、実行しないと身につかないのだと説かれたと理解した。

卒業して五〇年ほどたったある時の同窓会に、めずらしくこの先生が出席され、あいさつをされた。その時いわく、私は最近、驚くべき本を読みました。それは『「スターリン言語学」精読』というもので、卒業生がお書きになったものですと。そしてぼくの名にはまったく言及されなかった。突然のお話にぼくは雷に打たれたように感じた。あっ、あの尊敬する地学の先生がぼくの本を読んでくださったのだと。この先生とは一度も個人的に話したことはないし、成績もよくない、目立たない生徒だったのにと。ぼくの『「スターリン言語学」精読』が出たのは二〇〇〇年だった。先生はその後間もなく亡くなられた。

生物の先生は、当時話題のルイセンコ学説を極めて批判的にとりあげながら遺伝学の話をされた。ぼくはすでに、蛋白質から生命を発生させたという、ソ連のレペシンスカヤという、おばあさん生物学者の研究を読んでいたので、この先生の話は食い入るように聞いたのである。ぼくがソビエトの科学に関心を抱くきっかけを作られたのだ。

以上お二人の授業は、大学で行われる授業にひけをとらない、水準の高い、学問的で立派なものだったと思う。これらの先生は単に、標準知識を与えるだけの授業ではなく、学問する人が、学問しようとする学生に対して述べられる信仰告白のようなものだった。

地学の授業に感化を受けたのは、ぼくのほかに田隅本生君もそうだったらしい。と思うのは、かれは北海道大学の地質学にすすんだからだ。しかしそれから生物学に転じて京都大学に入りなおして、そこの先生になったらしいが、数年前に亡くなった。田隅君はエルンスト・ヘッケルについての論文を二つ送ってきた。ヘッケルは、イェーナ大学につとめていた生物学者で、同僚の言語学者、アウグスト・シュライヒャーに強い影響を与え、これによって言語学に進化主義を定着させた人であった。一種の学問的求道者だったという点では、田隅君はぼくと同じである。

日比谷高校「唯物論研究会」との交流

戸山高校は受験校だったけれども、クラブ活動もまたさかんだった。ぼくを最初に誘ったのは演劇部だったが、これには深入りしなかった。ぼくはまだ但馬方言を話していたので、それが皆の関心を引いていたようだった。ぼくが方言でせりふを言うのが新鮮だったらしい。それでぼくを舞台に立たせたがった。しかしその後、一度演出をやらされて、演劇は、ぼくに最も向かない芸術だと思い知った。そこで、転校して間もないのに、ぼくは「社会科学研究会」というものをやりはじめた。突然入ってきた転校生が、新しい部をつくるなんてことはありえないはずなのだが、ぼくは、自分が率先してつくったように思う。

「社会科学研究会」をつくるときに、論争があった。社会学はインチキなブルジョア学問で、真の学問は「社会科学」でなければならないというような議論をやった後、この名がきまった。で、何をやったか。その名そのものがずいぶんはね上がった感じだった。いくつかの本を読んだが、その中でスターリンの『弁証法的唯物論と史的唯物論』というパンフレットはよく記憶に残っている。「これはソビエト大百科のために、スターリンが書いたわかりやすい本だ」と宣伝した上級生の顔も、またそう言った時の声もよくおぼえている。

研究会は、誰だかの提案で日比谷高校の同系のクラブと交流することになった。ある日、我々は数人で日比谷高校を訪ねた。

驚いたことに、クラブの名は「唯物論研究会」という思い切った名前で、略称は「唯研《ゆいけん》」だった。我々の「社会科学」などよりずっと先を歩んでいて、しかも皆がマルクス・エンゲルス全集を読み、何でもよく知っているので、まぶしいような感じだった。しかし後にロシア語の本を読むようになってから、こういうえらい人たちの文献から、やたらに引用し、引用で埋め尽くすような書き方を、ソ連ではあざけって「ツィタトロギヤ」（引用学）というのだと知ってから、かれらは若いツィタトロギストだと思ったものである。

かれらは研究会をはじめる前に、二〇～三〇人ほどの生徒が立ち上がって、顧問の先生の指揮で、一斉に「インターナショナル」をうたった。びっくりした。その時はエンゲルスのテキストを読んでいたみたいだ。読み終えると皆が活発に議論をはじめた。

それを指導していた顧問の先生は、木下航二という方で、ひょろっとやせていたが、ぎょろっとした目をしていて、有無を言わせぬ説得力で生徒たちを統率していた。後にこの先生の名を歌声運動の歌集の中で見つけた。「原爆を許すまじ」の作曲者の名として再発見したときに、なるほどと思った。ぼくたちと同い年なのに、びっくりするような賢さでむつかしい議論に熱中していた、あの時の日比谷高校の生徒たちのその後はどうなったんだろうかと知りたい気持ちだ。日比谷高校の生徒は、府立一中と呼ばれていた戦争中に反戦ビラをまいたという伝統があるんだとも聞いた。

東京大学現役合格者六〇名以上というのが、その頃の日比谷高校の巷間での肩書きだった。わが戸山高校はそれを追いかけて競っていた。いずれも有数の進学校だと世間には知られていたけれども、その傍らで、こんなに自由で勝手なクラブ活動をやり、それを誰もとがめたり、やめろという者はいなかったらしい。ぼくは高校をこのように自由にしておいた、その頃の校長さんたちはえらかったなあと思う。

戸山高校の平田校長は、生徒たちに向かって、いつも「きみがたは……」と話しかけた。「諸君は」ではなくて、この古めかしい感じのやまとことばは、ぼくに、この校長を独特の敬意を込めて見るようにさせた。ご自身は「東京物理学校」のご出身だと言われた。受験はなく、無試験で全員入学させておくと、自然に減っていく、あの制度はよかったなどと話されたのをおぼえている。今のような入試制度への批判が込められていたのかもしれない。

選挙戦のビラ貼り

ぼくがマルクス主義をはじめ、左がかった本に親しんだからといって、一度もそのような政党や組織に加わったことはない。戸山高校の先生たちの中には、明らかにそういう組織が発表しているとわかる意見を述べる人もいたが、それを聞いて、ぼくは、自分がそんなふうになれるまじめな人間ではないと思っていたし、相手もそう思っていたにちがいない。

戦争中も、自分の身を捨てて、敵陣におどり込む勇士の話を聞いて、自分はとてもそうはなれないと思った。弾が当たって、手足をもがれたりしてさぞ痛いだろう。たぶん『良い子の友』といったような子ども向けの雑誌で読んだ話だが、シンガポールを日本軍が攻めた時、捕虜になった日本兵が、敵の放送局のマイクの前に立たされて、日本兵に投降をすすめるよう放送するよう迫られた時に、その兵士は断乎として拒否し、自ら舌をかみ切って死んだというのである。

それを読んだ夜は、ふとんに入ってからずっと舌をかんでみたが、こわくなって、やめた。そのうちに眠ってしまった。自分はまじめだが、決して良い子にはなれないと、はずかしく思った。

こういう経験から、ぼくは、そのような行動を決然ととれるような、立派な人間になるには向いていないと思った。きっと裏切り者になるだろうと。その頃、特攻隊の話を聞いたり、映画を見たりした。ぼくも特攻隊に入ってまっしぐらに敵艦に突っ込むだろうと思ったし、そうしたい気持ちでいっぱいだった。だけど、急降下して、目前に敵艦の甲板が見えたときに、そこで気がすんで、大急ぎで操縦桿を握り、方向転換して逃れるだろう。ぼくはそんな人間だ。なんといいかげんな人間だろうと思って、また自分を責めるのだった。

　ぼくがこういう頼りにならない、だめな人間だということは、人が見てもすぐにわかったにちがいない。だからぼくにそういう組織に入るようすすめられるようなことは一度もなかったのである。それにもかかわらず、選挙が近づくと、共産党のビラを貼るように頼んでくる人がいた。それが誰だったかははっきりしない。気はすすまないが、といってきっぱり断るだけの決断力もなかった。

　いまでもはっきりおぼえているのは、米原昶《いたる》という人のビラである。色刷りの写真がついていた。授業の補習だか、何だったか、どうしてもやりたいことがあったので、このビラ貼りには行きたくなかったが、何かのためには、ぎせいも払わなければならないのだと自分を説得して引き受けた。指定された場所の、小屋のようなところに行ったら、いかにも底辺労働者といった感じの男女二〇人ほどが集まっていた。皆疲れ切って、顔は汚れて病人のようだった。そこに行って、ポスターを受け取って、指示された場所をまわって貼った。場所はだいたい江東六区と言われた一帯だった。

　米原昶のポスターを何十枚となく貼ったので、そのつど、何十回も見た米原氏の顔の特徴をおぼえ込んでしまった。その後三十数年してから、米原万里という女性が、ロシア語の通訳で活躍していた。一九九一年、日本ではじめて、ノモンハン事件と呼ばれていた戦争についての国際会議をやったときに、通訳は万里さんに頼もうと、ある新聞記者が提案して、彼女に同時通訳をしてもらった。ロシア語同時通訳といえば、この人しかいないと言われるほどだったらしい。彼女はブース、つまり、そこで通訳してしゃべる箱の中にいたから、顔は見なかった。その後も、ある雑誌の企画で彼女と対談することになり、打ち合わせのために電話で話したが、顔は見なかった。その対談が実現する前に彼女は死んでしまった。

顔は直接見なかったが、写真で見たところ、あごがふっくらとふくらんで張っているところなど、ポスターで見た父親の昶氏によく似ている。

聞くところによると、昶氏が、日本共産党の代表としてプラハに駐在していた頃、万里さんもプラハにいて、ロシア語学校かどこかでロシア語を身につけたらしい。そしてその時のご学友に小森陽一という人もいたらしい。かれらがプラハであんなに立派に頼もしく学んでいた時、高校生のぼくはほんとに血の出るような時間を割いて、その父親氏を当選させるためにポスターを貼ってまわっていたのだ。

ぼくが高校生として、そんなふうにビラ貼りをさせられたなんてことは、米原万里さんはまったくご存じないはずだから、こんなうらみがましいことを書くのは筋ちがいだけれども、組織というものはそんなふうに、相手のつごうにはおかまいなしに無慈悲に人を使うものだ。昶氏だって、受験をひかえた高校生をこんなふうに使って当選しようなどと思ってはいなかったにちがいない。しかし、こういうことがわかったのはずっと後のことだ。

血のメーデー前夜、ビラ貼り事件

選挙のポスター貼り、ビラ貼りは二回ほどで、もう断った。断ったけれども、道路工事のようなことをして日銭をかせぎながら、あのような活動をしている人たちのことを考えると、ぼくは申し訳ないという気持ちはずっと残っていた。その申し訳ないという負い目の気持ちを晴らしたいという機会が訪れた。一九五二年のメーデーだった。

メーデーはもちろん、五月一日に行われる。しかし、この一〇日ほど前から、「メーデーは人民広場へ」というスローガンが広められていた。「人民広場」とは、革命なったあかつきには、皇居も人民のものになるはずだから、皇居前広場も人民広場となるべきだという考えから名づけられたことが背景にある。

終戦後まもなくの頃、新宿の角筈《つのはず》から出て、月島に行く都電一一番線は皇居前を通っていた。その電車にぼくを連れて乗っていた父は、皇居の方を指さして、「ここもやがては普通の、誰でも入れるようになるし、普通の人間が住むようになるんだ」と言っていたくらいである。ぼくも父の言うとおりだと、まったく同感していたが、今では多少考えがちがう。人民の名において、ここに投資をしたやつが、この自然をめちゃくちゃにしていただろうと想像すると、そうならなくてよかったと今のところは思う。一九五二年血のメーデーに参加したあの時も、ぼくら無心の高校生の一団は、二重橋の見えるところまで進むと、両手をあげて、天皇陛下バンザーイと叫んだ。そして天皇陛下も出てきて、あいさつしてくれればいいと思った。天気はいいし、解放感があったからだ。誰もそれを批判したり、反対したりしなかった。みな素朴だったように思う。

ぼくは当時は、このメーデーは、人民広場で行うべきだ。メーデーはあそこで行うのが最もふさわしいと思ったし、今もそう思う。天皇も反対されないだろうと。

戸山高校の前には明治通りが通っていた。そこには、朝鮮戦争から修理のために送られてきた米軍の戦車が、トレーラーのようなものに載せられ、車列をなして走っていた。このようにして、甲州街道を経て日野ヂーゼルの工場まで持っていって修理するのだと友人たちは話していたが、ほんとにそうだったかどうかは知らない。

明治通りをへだてた向こうには、東洋一の規模だという射撃場があり、占領軍が日本軍から接収して練習しているという話だった。この射撃場をかこんでいるコンクリートの壁に「メーデーは人民広場へ」のビラを貼れという指図がどこからか来た。ぼくは今ではその指図を持ってきたのが誰だったのかはおぼえていない。

ビラの貼り方をおそわった。四人一組となって、先頭がまず糊の入ったバケツを持ち、二番目がそこに刷毛《はけ》を入れて、壁に糊を塗る。三番目がそこにポスターを貼る。四人目がそれを手で押さえる。しんがりは見張り役で、もし、おまわりだの怪しい人影を見たら、前方に合図を送るという役割分担になっていた。緊急事態が起きたばあい、何よりも絶対につかまらないようにして、とにかく逃げ、後で約束の集合場所に集まることにしていた。

作業をはじめて三〇分くらいだったか、しんがり見張り役のぼくの後方五〇メートルくらいのところに、懐中電灯の金属の胴がきらっと光って見えたりかくれたりするのに気がついたので、すぐに前方に声をかけ、射撃場の壁とは反対側の、立ち並ぶ民家の間の小道に逃げた。ところがすぐ前を歩いていたM君には、ぼくの合図が伝わらず、かれだけ悠然と歩いていた。それで懐中電灯をもってあとから歩いていたおまわりさんにつかまったのである。M君が早稲田署（当時は戸塚署と呼ばれていたはずだ）に連れていかれたというので、しばらくたって行ってみると、M君はすでに釈放されていた。

ぼくはこの時も、自分は仲間を裏切って逃げた、何と卑怯な人間だと恥じ、恥じ続けてきた。M君は健在だ。最近かれに会って、その時の話を持ち出したところ、二人でいくぶん認識がちがっていた。ぼくらが貼っていたのは「メーデーは人民広場へ」だったと思っていたが、M君によれば、ビラの文句は「射撃場に反対、撤去せよ！」といったふうなものだったという。M君は、もし人民広場ビラだったら、自分は貼らなかっただろうと言う。メーデーを皇居前広場でやることは、すでに前年の一九五一年に当局が厳重に禁止していて、少しでもそのような動きがあれば、容赦なく摘発すると警告していた。M君は事前にそのことをよく知っていたから、そのような内容ならビラ貼りは引き受けなかったはずだし、実際メーデーには行ったけれども、行ったのはおそろしい皇居前ではなく、合法的な代々木公園だかどこかだったと言っていた。かれは、皇居前がおそろしくなるということを事前に知っていたのだ。

M君が、連れていかれた早稲田署でどうだったのかと聞いたところ、同年輩くらいの若いおまわりさんは、気の毒がって、ぼくにはかなうはずがないよ、ぼくは足が速いんだよと、いたわってくれたという。しかし、M君によれば、つかまること自体には何のおそれもなかった。心配は別のところにあった。もし所持品検査で見つかったらどうしようかと。ポケットの中にあった所持品とは一冊の岩波文庫だった。それはゲーテの『若きウェルテルの悩み』だった。こんな軟弱な小説の読者であるということを、かれは警察にもだが、仲間にも知られたくなかったという。

この「軟弱な」という蔑みの感情は今の若者にはとても理解してもらえないだろう。これは我々が戦時中の日本から引き継いだものであり、同時に、戦後の左翼の中にも入り込んでいたかもしれない「組織」の感覚である。さらに考えてみると、この感覚は、ぼくら戦時の教育を受けた者の心の奥底にひそんでいる「自由へのおそれ」といったような感覚なのである。日本人の心には、この「自由へのおそれ」、あるいは「自由ははずかしいもの」という圧力がよどんでいて、権力はいつでもこれを利用できるようになっている。

「血のメーデー」事件

さて、五月一日当日、その日は、木曜日だった。数学の中ではぼくが少し得意になっていた微積分の授業がある日だった。授業に出ないのは惜しい、残念だ。しかし、この一日だけは二度とない日であり、がまんして、参加しなければならないと決断した。

ぼくがどのようにして学校の中で呼びかけたのか、おぼえていない。しかし二〇人以上が参加したようだった。また、どこに、どのようにして皆が集まり、出発したのかもおぼえていない。

授業のある日に、しかも名だたる進学校でこれだけの生徒が集まったのは、今では考えられないことだ。しかもいわゆるガリ勉タイプの生徒までやってきたのだ。

デモをやりながら皇居前に入ったのは、馬場先門からだったらしい。ぼく自身は、東京にやってきて、まだ間がないから、ほんとにそうだったかはよくわからない。皆がそう言っていたからそうだったと思う。はっきりおぼえているのは、文芸部の森山君で、見守る警官隊の中に、父親の姿を見つけて、「おーい、おやじ」と手を振っていた。牛込署所属だった父上の方も、しかたなくそれを見ていたようであった。ご自身、こんな大ごとになるとは想像されなかったと思う。たぶん一般の警官には、当局の作戦は知らされていなかったのではなかろうかと今でも思っている。もしかして当局は、はじめはやわらかいムードで、デモ隊を入れるだけ入れておいてから出口を閉じ、こうして袋のネズミ状態にしておいてから、なぐりたい放題なぐったのではないかと。天気はいいし、皆、半分はピクニック気分で、二重橋が見えるあたりまで難なくたどりついた。すると、状況が一変した。前方に他の警官とはちがった感じの、特別に武装した警官隊が現れて、デモ隊というよりは、群衆を、ピストルをかまえて撃ちはじめた。そしてそこから缶詰のようなものが煙を吐きながら飛んできたのである。あっ、催涙ガスだと誰かが言った。たしかに眼にしみて涙が出そうだった。けれども、風が吹いていたせいか、それほどたいしたことはなかった。デモ隊の前列にいた、竹槍をたずさえた元気のいい一隊が、前へ飛び出して、その煙を吐いている缶詰を拾って警官隊に向かって投げ返しはじめた。ぼくはさわってみなかったけれど、缶詰は手で持つと熱いということだった。警官隊は今日のようには、楯を持っていなかった。それで今度は警官隊の方がガスをかぶって狼狽した。

投げられた缶を拾って投げ返すなんてことができたのは、これが最後だったらしい。その後警官隊はこれにこりて、その後はガス銃に変えたんだと後で聞いた。このことがあってより、警官隊の装備は見ちがえるほど向上したようである。

　それで、デモ隊の最前列にいた我々は逃げようとして引き返したが、前に立ちはだかっていたのは、おそるべき群衆、というよりは、肉の壁、逃げようとしても前をふさがれ、尻を後ろに向けたかたまりだった。退路となった後ろ側からは警官隊が攻めてきて、警棒をふり上げて手当たり次第に群衆をなぐりはじめた。

　ぼくは、なぐられるのは覚悟したが、頭だけはまずいと考えて、肉のかたまりとなった群衆の尻と尻の間のすきまに頭をつっこんだ。その肉のかたまりを通して、ボコボコと鳴る警棒の打撃音が伝わってくるのが耳に達した。ずいぶん長く感じられたが、その間五分から一〇分くらいだったか、そのボコボコがおさまったので、わずかに頭をあげてみると、まわりは真っ赤に血を吹き出した頭の列だった。ぼくはそこに、へんぽんとひらめく東京外語の緑にLの字の入った旗を見た。そしてその側に、ぼくが決してさそったおぼえのない東郷正美君がすっくと立っていた。東郷君の父上、正延氏は東京外語のロシア語の先生で、ぼくが外語に入ってからは、ちょっと授業をのぞかせていただいたり、ずっと後には、先生がお作りになった、あの立派な研究社のロシア語辞典をいただいたりした。正美君が、どのようにして、一人で皇居前にやってきたかは知らないが、戸山高校の定石どおりにきちんと東大医学部に入った。

　二人死者が出たと話がつたわってきた。警官側は、そこである程度の人数を逮捕すると去っていったらしい。そこで、ぼくは、月島方面から来た一一番線の都電に乗って新宿方面へ帰っていった。堀ばたに並んでいた自動車がひっくり返しになって煙を立てて燃え上がっていた。三〇台ほどはあっただろうか、煙の列は堀ばたを縁どっていた。ＧＨＱの前の方もそんな状態だった。

あとで聞いたところによると、逮捕されたある者たち――ほとんどは学生だった――はそのＧＨＱの地下室に連れていかれて、訊問され、親が呼び出された。ここで多くの者が、このデモに加わったことを悔い、二度とこうした運動をくり返さないと誓った。つまり転向したという話である。

電車の中にも警官が入ってきて、けがをしている者は言うまでもなく、ネクタイをしていない者、ボタンの落ちている者は警察に連れていかれたという話である。その転向した人間を卑怯だなと思ったが、ぼくがもしその立場だったら、もっと見苦しくふるまったにちがいない。

ぼくがまったく予想しなかったことは、その後に起きた。デモに参加したと疑われた生徒たちへの家宅捜索がはじまったのである。そして、かれらの日記や手紙を警察が押収し、そこに名の現れる生徒たちは、いもづる式に捜索をうけたのである。

一番すまなく思ったのが、キリスト教で結ばれた仲間のグループだった。かれらはぼくのようには逃げるのがうまくなかったのは当然のことだ。かれらは政治闘争としてではなく、信仰と良心の問題として参加していたから、はじめから逃げようなどという考えがなかったのである。そんな集会にははじめてだったという小池節子《のりこ》さんはひどく頭をなぐられて裂傷を負い、頭を包帯でぐるぐる巻きにしていた。彼女の家には間もなく警察がやってきた。キリスト教に信仰のあつかった友人の家での押収物の中から、彼女の手紙が出てきたからということだった。母上は、棚から突然皿が落ちてきて……と言い訳したが、どうにもならなかったと言った。かくしきれなかった。小池さんの日記から酒井がしらべられた。かれはメーデーには行かなかったのに。

こういう時につかまるのは、だいたいしろうとだ。ぼくはこういうデモの組織者が誰だか知らないくらいだから、決してくろうとというわけではないが、とにかくいつでも走って逃げることにきめていた。メーデー事件より一〇年も後の反安保闘争の時代のことだが、同じように走って逃げた東工大院生のどじな吉本隆明は、逃げこんだ先が警視庁の庭だったと、皆がおもしろそうに話していたのをおぼえている。

高校の先生たちは、ぼくたちに対して何も問わず、何も知らないかのようにふるまっていた。ぼくは、教師たちは、ほんとに何も知らず、そもそも、何も関心がないのだと思っていた。ただ、無断で欠席したことを怒っているんだろうとは思っていた。ほんとうは、授業休んで、すみませんでしたと言うべきだったのに、そうはしなかった。

あとで聞いたところによれば、警察はもちろん学校にやってきて、いろいろ聞き込んだらしいが、教師たちは申し合わせて、生徒は誰も欠席しなかったと答えたということだ。

何もなかったような顔をして、その後をやりすごしたあの頃の教師たちを、ぼくたちはほんとに尊敬する。同窓会があっても、ぼくたちは一度もメーデーのことにふれたことはない。

誰かから聞いたのであるが、立川高校はひどくやられて、二十数名が警察に連れていかれたという。基地があったから、かれらは、特別敏感だったのだろう。

そんなことがあったのに、メーデー事件でぼくの名を一度も警察があげなかったと、仲間はふしぎがり、ぼくもふしぎだった。

しかし、どこかから伝わってきた話によると、但馬のいなかの、ぼくの郷里の家まで警察はやってきたらしい。この話は親からも聞いたことがない。うわさ好きのいなかびとも、しゃべるべきでないときは、だまっていたのだろう。

戦争中の話だが、近所の本屋さんの息子さんだかが、応召して、中国戦線に連れていかれ、そこで消息不明になった。おばさんたちは「脱走しんさったらしい。あの人アカで頭がよかったからなあ……」などと話していた。皆が、とにかく生きていてほしいと願っていたことがわかる。

その本屋さんの向かい側には水島さんという砂糖屋さんがあった。父によると、その人はエスペランチストで、外国のいろんな人と文通していたということだった。

いま、ぼくの郷里の町にエスペランチストがいるという話を聞いたことはない。戦争中、あんな小さな町にエスペランチストがいて、外国とやりとりしていたのだ。あのきゅうくつな時代の方が、人々は考えながら生きていたように思われる。

いったい世の中は進んでいるのだろうか、それともだめになっているのだろうか。

山村工作隊

メーデーがすぎて二か月ほどたった頃、山村工作隊に行かないかという話がまわってきた。その話を持ってきたのが誰だったかもおぼえていない。あるとき早稲田大学――戸山高校のすぐ近くだ――と東大の学生というのがやってきて、説明をした。その趣旨は、

――アメリカが日本を軍事基地化しようとし、東京電力は巨大なダムを造って、電力を独占しようとしている……というような話だった。二年前にはじまった朝鮮戦争は、ぼくたちをすこぶる過

敏にしていた。高校の前を走っている明治通りを、朝鮮から修理のために持ち帰ったという戦車が運搬用の台車に載せられて何台も通っていった。戦場は身近に感じられた。

「基地化から村と子どもを守ろう」という呼びかけには、応じるのが当然だと考えて、夏休みの間、山村工作隊に加わることを決心した。ぼくのほかにも二、三人行ったが、それが誰だったかはおぼえていない。こういう企ての、たぶん組織者だろうと思われるHも加わっていなかった。最近たしかめたところでは、ビラ貼りでつかまった、『若きウェルテルの悩み』のMは加わっていたそうだ。

行った先は、山中湖畔だった。ぼくは東京とその周辺はどこもがはじめてだったので、見るものがすべて興味の対象だった。山中湖では、そこの小学校の体育館のようなところに泊まったり、村の集会場のようなところに泊まったように思う。報告会で出てくる地名は忍野《おしの》とか平野だった。お茶の水女子大と、その他どこからか二〇人ほどの女子学生たちがやってきた。彼女たちはとりわけ戦闘的というわけではなく、避暑地で子どもたちの勉強の面倒をみているという感じで、それ以上の行動に出る気配はなかった。

それでぼくも安心して、避暑地気分になった。ぼくは郷里を出るときに大切に持ってきた、若くして飛行機事故で亡くなったおじさんの遺品だという海軍毛布をたずさえて行った。海軍兵学校だか、遠洋航海だかで使われたという記念の品で、古くても質がいいというので大切にされていた。そこには、その毛布の持ち主だったおじの名が書かれ、縫いつけてあった。それをリーダーは見つけて取り去り、参加者みなが偽名を用いた。なるほど、ふだんとはちがった秘密の活動なんだと、緊張感をおぼえた。ぼくの名は土屋になった。隊にとってだいじな仕事は、食事の材料を手に入れることだった。湖水ではフナがたくさんとれた。網でとったようだ。そのフナと、ジャガイモを大鍋で一緒に煮た、その汁を食べるのだが、フナの骨が硬くて、注意しないと、すぐに口に骨が刺さってしまうのだった。この一帯は米が収穫できず、生涯米を食べずに死んでしまう人が大部分だという話を聞いた。

その食事を終えると、夜の報告会となり、各人がどこの部落で、青年たちとこんな話をしたというようなことを報告するのだった。

この工作隊の主な仕事は、青年たちと一緒に村の夏祭りに参加し、おみこしをかつぎ、できればメーデー事件を写した映画を見せることだった。

できそこないの山村工作隊員

「山村工作隊」は世間では過激な戦闘集団というふうに考えられているが、ぼくの参加した範囲ではそのようなようすは見えなかった。あとで一橋大学大学院で聞いたところでは、そこの大学院生たちは、小河内ダム反対闘争にさし向けられて、村人と消防団だかが編成した山狩りにあって悲惨な負けいくさを味わったということである。それまでは古文書に埋もれて研究する地味な学生だった人が、斧やなたや鎌をふりかざして攻めたてる山狩りにあってから、神経に異常をきたし、別人のようになってしまったという話も聞いた。

山村工作隊に加わったけれども、それについての研究をしなかったぼくにはよくわからないが、攻撃の相手は水利権を独占しようとする東京電力と、それに従属する村長一派であるように、話を聞かされた。

村長一派への憎しみをかきたてねばならないような話を聞かされても、あまり実感はなかった。爆弾を投げたり傷つけたりするのは嫌だし、何よりもかわいそうだから、ぼくはウンコ爆弾なら作って投げてもいいと思った。材料はウンコで、それに石油と赤インクを混ぜた混合物をつくって投げつける。色とニオイが石油と溶けあわさって、それが衣服にしみ込むことで永く効果が残るのではないかと、何となしに思って出たアイディアだ。

このアイディアは、戦時中に読んだ大佛《おさらぎ》次郎の『楠木正成』の、千早城で敵に包囲され、兵糧攻めにあった正成が、城内にあった、日々限りなく生産されて、たまった唯一の資源である糞便を大釜で煮立て、それを、逆茂木《さかもぎ》の下からはい上がってくる敵兵に浴びせかけて防戦したというところを楽しく、愉快に読んでおぼえていたからだった。糞便の沸騰点は水よりは相当に高いはずだから、これを浴びた敵兵は、ニオイもさることながら、その高温の液体のために、尋常でないやけどを負うであろうと想像したのである。

そこまで大佛さんは糞便液の効果を分析的に書いていないけれども、ぼくは科学少年だったから、そのように自分で理解したのだろう。

ぼくには、このように闘争の本来の目的から、わきへ流れてしまって、あらぬ想像の末梢に走るという、手なおしのきかない悪癖があることは、まわりの人たちの眼にとまっていた。

風紀が乱れて子どもたちに害が及んでいるという、立川基地周辺の観察に行った時も、あのあたりが米兵相手の売春宿だと指さされると、あの窓に垂れている桃色のカーテンの向こうで何が起きているんだろうと、その方ばかりに気が向いているところを、同級生の米田佐代子さんにこ突かれ、ひどく怒られて恥ずかしかった。米田佐代子さんは、その後ひたすら勉強して平塚らいてうの研究家になった。

おいおい、ぼくのそのような正体は暴露されていくが、山中湖の山村工作隊の時に、自ら自分が政治的にダメな人間だと思い知ったのである。

ぼくは使いようのない人間と思われたのか、アジビラを書く仕事をさせられた。それで何種類かのビラを作った。それらは、ひそかに持ち帰って、記念にとっておこうと考えて、段ボールにつめてひそかにかくしておいたのだが、それらの紙類は母に見つかって、風呂のたきつけとして、燃されてしまった。

この山中湖畔の山村工作隊のできの悪い、不首尾な活動については『サンデー毎日』が大きくとりあげて書いたということであるが、ぼくはそれを見ていない。

ウィーンへ密航？——世界青年平和友好祭

山村工作隊からもどって、ぼくはどういう心理状態だったのか定かではない。一つだけ思い出すのは、ウィーンへ行ってくれないかという話を持ちかけられたことだ。その人は言った。来年、世界の青年がウィーンへ集まって平和友好祭を催すことになっている。戦争をやろうという勢力がどんなに抑えつけても、それを払いのけて、平和勢力がこれだけ結集したというところを世界に見せつけなければならない。日本からもぜひそれに参加してほしいと向こうは言ってきているが、実現するのは極めて困難だ。考えられる方法は、網走沖に船を用意するから、とにかくそれに乗ってソ連へ渡れば、その先は向こうで手配してくれることになっている……というような、よくよく考えればとりとめのない話だ。とりわけ、「網走沖に船が……」というのが、何とも心細い。

ぼくは、昔、父から聞いた話で、女優の岡田嘉子《よしこ》が杉本良吉と樺太《からふと》の国境を越えてソ連に入り、杉本はソ連当局の手で殺されたというのを思い出し、これはかなり危険な冒険だ、とにかく、ソ連当局に自分の目的をある程度説明できるロシア語は知っておかなければならないと考えて、その頃、書店に並んでいた、白水社の『日露会話と作文の基礎』という本を買った。著者の八杉貞利は、ぼくが中学生のときに手紙を書いたところ、便箋で三枚もの返事をもらったことのある、なじみのある名だった。このことはすでにあるところで書いたのでくり返さない。これは「会話……」と題してはいるが、中味はかなり複雑な文章も入っていて、たとえば、八八番目の例文は、「近年各地で学校騒動が頻々として起る。これらは左傾学生の策動に依るものが多いので学校当局は勿論文部省に於いても学生の取締及今後の教育方針に就いて頭を悩まして居る」などといったかなりな文をロシア語に訳せというのである。

この本は奥付によると初版は一九三七年という時代物で、五〇年に三版となっている。たぶん、戦後ロシア語への需要が高まったので、こんな時代物をそのまま刷ったのであろう。ぼくはそれを買ったのである。買った日付はないが、そこへは「ウィーン出発のため」と書いているから、ぼくがよほど本気だったことはまちがいない。

ソ連へ上陸してからも問題だが、そもそも「網走沖」から、どのように日本の警察の目をごまかして目的地へ行くのだろうかなどと心配事は絶えなかった。ところがというか、ありがたいことに、しばらくしてから、あれはとりやめになったと、知らせがあった。といって、このウィーンに集まって行われる友好祭は、架空の作り話ではなかった。

岩波書店の『近代日本総合年表　第二版』によれば、一九五二年一二月一二日の項には、「ウィーンで諸国民平和大会ひらく」として、八五か国から一八八〇人が参加して、「話合いによる緊張緩和・朝鮮戦争即時中止・五大国による平和条約締結要求を決議」したとある。

ぼくが網走沖から、小舟で出るよう指示されたのは、この大会に参加するためだったのだろうか。一八八〇人も集まったというのだから、高校生の自分だってその数に入ってもいいかもしれないけれども、「五大国による平和条約」などという大きな国際問題の決議に参加するには、ちょっと資格が足りないような感じがする。

とすれば同じ年表の一九五三年八月二日の項に、「世界青年学生平和友好祭（ブカレスト）に日本学生代表参加」とあるのがそれではなかったかとも思われる。この年表があげている典拠は『アカハタ』の記事である。ただ開催地はウィーンではなくてブカレストとなっているのは、何らかの事情で、そこに変更されたのだろう。それから二、三年の後に、この友好祭がどんなものであったか、映画になって日本でも上映されたので、それを見に行った。モスクワ大学学生の合唱団が堂々と立派に歌っていた。何を歌っていたかおぼえていないけれども、最も気品があって重厚な感じを出していて、友好祭の出演というよりは、研究にいそしむ学生たちの、その日常を思わせるような歌い方であることに、ぼくは、その頃の自分を重ねてみて、うらやましく、何か、胸をつかれる感じがした。こっちはビラ貼りなどやっているが、社会主義の祖国、モスクワでは、学生はこんなに高尚な生活をしているんだと。

映画にはモンゴルの代表団が出てきて、頭の上に茶碗をのせて、それを落とさないで舞う、「茶碗おどり」と言ってもいいような群舞を見せた。ぼくも、予定どおり、網走沖に船が準備されていて、無事にこの友好祭に参加したら、一緒になっていた日本の代表も当然この映画に出ていたはずだが、何をやっていたのかおぼえていない。

山村工作隊から帰った後、このような実らなかった目前の「使命」でほんろうされているうちに、秋がやってきた。高校三年生の秋といえば、普通の健全な生徒たちは、ひたすら受験の準備に専念していただろう。

だがぼくには、受験準備などという無意味な作業で時間を過ごしていいのだろうか、というより、そんな俗っぽい私利私欲の目的のために我を忘れて青春を消費していいのだろうかという、いまの高校生だったら、おそらく考えられないような悩みにとりつかれていた。はっきりおぼえているのは、受験勉強とは、恥ずべき思考停止、私利私欲の行為だという感覚である。この感覚は、後になって一九六八年頃、大学紛争を起こした学生たちに向けられた。かれらは、恥ずべきドレイ的な受験勉強なんかして大学に入ってきたくせに、まことしやかに装った正義を主張する資格なんぞあろうかと。

大学に行くべきか行かざるべきか

すぐそばで戦われている朝鮮戦争では、ナパーム弾で日々多くの人が焼き殺されているというのに、何もないかのように、ただ入試のために勉強するというのは、どうも納得できないし、正しいとは言えないと考える者が、ぼくのほかにも数人いた。

そのうちの一人は、新宿の三越だったか伊勢丹だったかのデパートに就職して、昼は地下の食品売場にはたらく店員さんたちを組織して労働組合を結成する、そして夜は、早稲田大学の夜学に通って心理学を勉強するんだという、まことにすじの通った計画を話してくれた。そして、かれはそのとおりに実行した。高校生なのに、どうしてそんな成熟した考えが出てくるのだろうか、ぼくはただただ感嘆するばかりだった。こうした友人には、たいてい、大学できちんと勉強したお兄さんがいた。かれらは、お兄さんたちを大変尊敬していたし、そういうお兄さんが学ぶ大学というところは、やはりすごくいいところだなあと思った。

デパートに労働組合を組織するという課題が終わると、かれはいつの間にか早稲田大学の心理学を卒えて、名古屋の少年鑑別所で、問題少年たちを指導する仕事をしているというので、その家に招かれて行って泊まったことがある。かれはその後赤城山の鑑別所に移って、生涯を、この仕事で過ごしたらしい。しかしぼくにはそんな生き方は想像もできなかった。

いま、その頃をふりかえって自分が何を考えていたかを、ここに復元してみると、だいたい次のようになる。

——人間は、あることが正しいからといって、それだけでは、そのことに専念できるわけではない。多くのばあい正しさと、おもしろさは一致しない。だからと言って、おもしろく感じられないことをいつわって、むりに、自分の気持ちに反して行うことは、もしかして、ウソをついているということになるかもしれない。

たぶん、芸術はウソをついたら成り立たない世界だろう。ウソからは、人の心を打つ作品は生まれるはずがないからである。

とすると、たとえあることが正しいとしても、自分が「おもしろくない」のに、その正しさに自分をあわせることはウソをつくことと同様に、よくないことになる。「おもしろくない正しさ」のために一生を送ることは、自らを欺くことだ。そして自らを欺いて生涯を送ることは、どう考えても罪を犯すことに等しいのではないか……などと考えていたのである。

こういう考えに到達するには、いくつかの影響が考えられるが、その一つは、その頃白水社から翻訳の出たモンテーニュ『随想録』だったと思う。そこから得た、ぼくの道徳律の一つは、

——心におもしろいと自ら思われないものをおもしろいかのようにリクツをつけて自らを説得するのは、真実に目を向けることに臆病である証拠であり、最大の悪徳である。

このようにことばで表現してみると、自分がまさにその悪徳を背負ったウソつき人間のように思えてくるのだった。

ぼくのこのような考えを補強してくれたのが、当時現れた桑原武夫の『文学入門』（岩波新書、一九五〇年）だった。これはトルストイの『アンナ・カレーニナ』を読みながら、桑原さんが文学の

本質をなすと考えられる「インタレスト」という概念を論じたものである。いま、あらためてもう一度読みなおしてみなければ、その読み方が正しいか誤っているかはわからないけれども、問題は、この「インタレスト」なるものが、どのような原料から発生するかである。この問題は、ひとまず棚上げにしておく。とにかくぼくは、この「インタレスト」を日本語の「おもしろい」に置きかえて、人間が何かを素朴に「おもしろい」と感じることは、それが正しいかどうかとは別に、他の何かに優先するある真実が含まれているにちがいないと思うからである。

そこでぼくとしては、この「おもしろい」ことが「正しい」ことに一致し、そのことがまた真実とも一致していることが美しいのだ……と、だいたいこのような結論を得たのである。

こうした議論は、哲学では論じつくされているチンプなテーマであるにちがいないが、ぼくとしては教えられたのではなく、自ら発見した道徳律である――これが、ビラ貼り、山村工作隊、実現しなかった網走沖からの密航計画など、高校三年の一年間のうちに、あわただしく生起したことの中から得たぼくの道徳律である。

大学の教師になってから、大学で大学院に進もうという学生たち、また、テーマをかかえて研究中の院生たちを何十年も観察してきて、ぼくが最も憎むのは、いつわりの研究である。それはぼく自身の中に潜んでいるいつわりの衝動と重なって、学生たちに心中同情しながらも寛容になれず、ついには憎む気持ちにまで高まってしまうのである。何よりもみにくいからである。学識がウソをつくために用いられてはならないのである。とりわけ大学院の入試で、受験者の申し立てに、こうしたつくりごとを発見したとき、ぼくは、学力以前にそのことを責める気持ちが起きて許せなかったのである。しかしそれはしばしばぼくの判断を誤らせたのである。

学問は決して芸術にはなれない。けれども、学問もまた人間の営みであるから、それについての美学的考察は許されるべきであり、またそこから、人間の真実の前に、ハダカとなる勇気としての学問の特質が現れてくるであろう。


こうして、高校三年生の一年間に考えてたどりついた道徳律は、もしかして、すべては「お国のために」として与えられてきた、戦争以来の道徳律からの脱却のためのあがきを意味したのかもしれない。つまり、別の表現を用いて言えば、はじめてやっと、「主体性」というものが、ぼくの中で位置を占めはじめたのである。

亀井孝先生もまた

ぼくの、大学に行くべきか否かなどという幼稚な迷いは、いまのような時代にはほとんど理解されないだろう。何とむだなことをあいつは考えていたのだろうかと。げんに、その頃の友人の母親も、田中さん、とにかくそんなことは東大に入ってから考えるべきことです。東大に入らなければ何を言ってもだめですと言ったのである。これは当時のものわかりのいい親が考えたことのすべてであった。また、昔のように、大学に行くことが特権であった時代には、なおのこと、そんな迷いは出るはずのないものであったろう。ところが、そうでないばあいがあることを知った。

一橋大学の大学院生であった時に、ぼくには、そもそも大学に行くことがまともな人間にとって、選ぶべき道であるか否か、悩んだ時代があったんですよと、告白したところ、亀井先生も、ぼくもそうだったんだよと、ぼくにとってはすこぶる意外なことを、こともなげに話されたのだ。

その話というのはこうである。――先生が武蔵高校の最終学年のときに、後に劇作家、飯沢匡《ただす》となる同級の伊沢紀《ただす》が、ぼくは大学に行かない――事実そのとおり、大学に行かなかった――と宣言したというのである。飯沢のおじ上は、日本に西洋音楽の教育を根づかせる上で多大の貢献をなした伊沢修二である。

亀井先生は、伊沢は大学に行かないと言っているよ、だからぼくも行かないことにしたと父上の前で宣言されたというのである。父上の高孝《たかよし》氏は当時第一高等学校の教頭をしておられたはずだ。父上はそれを聞かれると、ばかなことを言うな。伊沢は天才だ。だけどおまえのような凡人は、大学に行かないでどうして生きていくんだと返事をされたという。

亀井先生のようなエリート家庭にあっては、あえて大学に行かないということは、我が身が凡俗の一人ではないということを宣言する行為であり、それ自体が凡俗への反抗、凡俗たることの拒否表現として十分理解できるところであるが、ぼくのばあいはどうであったろうか。

ああ、スターリン没す

こんなことを考えているうちに、一九五三年三月五日にスターリンが死んだ。スターリンはその前年、すなわちメーデー事件があった年の一月一日に、日本国民に対して「新年のメッセージ」なるものを発表した。このメッセージはたぶん日本共産党が、ポケットに入るくらいの小さなビラに印刷してひろめ、ぼくの手もとにもとどいたのである。「日本人民のたたかいに、あいさつを送る」とか、そういうふうなあまり内容のないものだったと記憶するが、それでもこれは、ある程度、日本人の心を動かしたのではないかと思う。スターリンはこんなに日本人民のことを気にかけてくれていると。もしかして、これに励まされて、日本人民もメーデーでがんばったのかもしれない。先の『年表』の説明によれば、「共同通信社が各国元首に依頼した返事の一つ」だそうである。

今の人には奇妙に思われるかもしれないが、スターリンの死は大事件だったので、ぼくは戸山高校のグループを代表して、一人だったか、友人をさそってか、狸穴《まみあな》のソビエト代表部に弔問に行った。代表部と言ったのは、当時はまだ、ソ連との間に国交がなかったので、大使館ではなかったからであった。

弔問用に設けられていた場所には、大きなスターリンの油絵の肖像がかかげられていた。その前に置かれていた帳簿に名前を書いた。その絵のかたわらにソ連の係員が立って、ぼくを見て、ちょっとけげんな顔をしていたのをおぼえている。今から思えば、その係員は、スターリンの圧政が去って内心ほっとしていたかもしれないからである。

その頃ぼくは、スターリンのあの有名な『マルクス主義と言語学の諸問題』を知っていたかどうかはさだかではない。しかしその一年後にはたしかに、このパンフレットを読んだりするようになるので、スターリンはいつも身近にあったのである。その身近さを感じさせ、維持するのに、この弔問のときの思い出はかなりな効果を発揮しつづけたのである。

大学生時代

東京外国語大学に入る

ほとんど何のみのりもない、むなしい考えの中をどうどうめぐりしている間に、次の年をむかえた。そうして、その人がどんなに立派であり、自分もそのようにふるまうべきであっても、人のまねは、しようと思っても限りがある、やはり自分は、自分の好みにしたがって、好きな勉強をするのがいつわりのない気持ちだという苦い認識に落ちついた。そうすると、迷わず、まっしぐらに大学に行くべきであることが、疑いもなく明らかになってきた。そこで残された一か月だけは、受験勉強にあてることにした。そのために、但馬の出石神社の一室にこもらせてもらい、大雪に閉じ込められたひと月を過ごしたのである。

その当時、国立大学は、まず最初に入試を行う一期校と、やや時をずらして行う二期校とに分かれていた。この措置は、たてまえとしては、受験生になるべく多くのチャンスを与えるという趣旨に合っていたかもしれないが、一期校はすべて優良、名門大学であり、二期校は、それとはちょっとはずれた、かつての専門学校から昇格した新制大学ばかりだった。だから、二期校に入学した学生は、ほとんどが一期校をしくじって、心ならずもそこで我慢せざるをえない失意の学生だった。つまり、この一期、二期の区分は、大学の格づけと、そこに入る学生そのものの生涯にわたる格づけのために、すこぶるうまく機能したのだった。一期校は正式の大学、二期校は「準大学」というぐあいに。

名門たることを誇る戸山高校の卒業生は一期校か、さもなくば名門私立に入るべきであり、ぼく以前に二期校に進んだ人がいたとは聞いたことがない。

入試問題をちょっと試してみただけで、一か月の受験準備では、ぼくが一期校に合格しないことは明々白々となった。それでも、戸山高校の習慣にしたがって、東京大学に願書を出した。専攻は哲学とした。不合格は当然で、予定どおりだった。

二期校の中で、ぼくが行くにふさわしいのは東京外国語大学だけだったので、迷うことなくそこに決めた。しかもモンゴル語（当時は「蒙古語」と言った）専攻だ。戸山高校の先生たちは皆驚いたにちがいない。卒業生の中でそんな選択をしたのは、開校以来、歴史上はじめてだったと思う。

学生は副業という当時の外語生

東京外語で最も競争率が高く、したがって最も優秀な受験生の入るのが英米語科だったらしい。二期校で競争率が高い優秀語科というのが、何を意味するかと言えば、受験業界から見れば、もうちょっと努力すれば一期校に入れたのにと、残念がる人たちのたまり場である。事実英米語科では、入学手続きはしたとしてもここを受け皿として翌年再び一期校に挑戦するという学生が二、三割もあったという話である。

その一方で再挑戦などとは思いもかけずに、ここを天国と、外語に居心地よくとどまる特権的な分子もいた。たとえば英米語科に在籍しているというだけで、びっくりするようないいアルバイトを得られた人たちである。何しろ敗戦から間もない頃で、英語の需要はいっぱいあったからである。特にこの頃入った女子学生たちは、一人の働きで親きょうだいの生活を支えているという頼もしい、実生活の実力派の人たちも珍しくなかった。大学入学と同時に職を得ていたようなものである。

中国語の専攻でそのような例は、中国から引き揚げてきて、おそらく教授たちをしのぐような語学力を持っていた、岸（安藤）陽子さんである。彼女は父上が満洲国協和会の幹部だったため、人民裁判で目の前で処刑されたと聞いている（これは正確ではないかもしれないが、今あえて、彼女にそれを直接たしかめないでおく）。彼女は日本に引き揚げてきてから、長女として、学生をやりながら、母上と妹たちを養わざるをえなかった。アルバイトは、台湾から日本映画の買いつけにやってきたバイヤーに、映画を見せながら通訳すれば、教授なんかより、よほどいい収入を得ているとぼくに話した。

この伝統に沿っていた例は、ずっと後のことであるが、米原万里さんである。彼女も驚くべきロシア語の力を持っていながらわざわざ一年生から入学して、有能な同時通訳生として令名をはせたのである。いったいそんな人がなぜわざわざロシア語科に入るというような、ナンセンスをやるのかと言えば、先に書いたように、外語生になることが世間に公認された有資格者となることを意味し、すなわち事実上の就職のようなものだったからであろう。

この人たちは、ぼくから見るとアルバイトという本業が主で、学生はその資格を強化するための副業であった。

男だが、ぼくの知っている英米語科の岡部匠一《しょういち》さんという人のアルバイトは、英語を使うのではなく、もともと上野駅構内で転轍手をやっていた。夜中から明け方まで大きな貨物列車の車両を引込線にふり分けてガッチャンと連結するあの重労働をやっているせいで、図書館で見かけるかれはたいてい眠っていた。そんなかれが、母親と妹二人のために家を建てたという話をしてくれたのでびっくりした。

岡部さんをぼくが尊敬していたのは、こんな生活をしながらロシア語を修め、当時ソ連で有名だった英語学者スミルニツキーの研究をしていたことだ。かれにそのわけを聞くと、英文法でも、ロシア語を背景にした研究は、日本では今まで誰もやらなかったからだということだった。あとで、英文法にアスペクトの概念を導入したのは、ロシア文法の vid（体）にヒントを得たものであると知って、なるほどと感心した。

大きな肥った体軀の持ち主だった。信州大学の先生になったということだが、ジョギングの最中に倒れたという話を聞いた。青春時代の無理のつけだったのだろう。

悲惨な東京外語日新寮

東京外語に入って二年目くらいに、ぼくは中野駅から歩いて五分くらいの、今は町名が消えている打越町というところに部屋を借りた。普通のお家で、三〇〇〇円という、大変いい環境だった。ずっとそこに住めばよかったのに、モンゴル語科に入ってきた中台光雄君に強くさそわれて、かれの家のあった鎌倉扇ケ谷の桃畑の中に四畳半一間の小屋を建てて、そこに住んだが、その話は別の機会にゆずろう。

中野の駅から北西方面にかなり歩いたところ、西武新宿線の新井薬師駅との間あたり、上高田に外語の学生寮があった。全体の印象は避難民の収容所のような感じで、一部屋に四人ほどの学生がいた。ある日学校から部屋に帰ったところ、布団がなくなっていたというような話を聞いた。誰か他の学生が金に困って、質に入れてしまったらしい。金田一京助も、かれがしんから面倒見ていた石川啄木に、同じようなことをされたと講演で話していた。それでも啄木を愛しつづけたのだと。

ある日、ぼくは、その寮に住むロシア語科の学生にさそわれて寮を訪ねた。暖房のない寒々とした、荒れた部屋の同宿者が、一人五円ずつ集めた。ぼくも五円出した。すると中の一人が、そばを二玉買ってきた。一玉一五円だった。そして、今はもう見られなくなったが、ニクロム線が裸で露出した「電気コンロ」というものの上に鍋をのせて、そこに水を入れて煮立て、中にそばを入れ、それに少々の醬油をたらし、三人でつついて、――そばを二、三本ずつ箸でつまんでは口に入れるのであったから、それは決して食べるという行為ではなく、つつくとしか言いようがないのである――分けるのである。それがささやかな楽しみだった。みながきちんと食べていなくて空腹だった。この一人三分の一のそばを腹におさめた後は、ますます空腹感が増した。ぼくは、これじゃとても学問どころじゃないなと思った。

その頃は、外食券というものを持っていないと、米の飯を食べられなかった。これを大衆食堂で出すと、一五円で、米飯一杯が食べられたのである。

ぼくは、中野駅前で、ぜいたくに一人で一部屋に住んでいるところを、知られたくなかった。とところが、それをかぎつけて、ある日、中本信幸というロシア語科の人がやってきて、天井から壁から、部屋をじろりと眺めまわしてから、共産党の細胞会議に使わせてもらえないかと訊いた。ぼくは、たとい反動分子というレッテルを貼られてもいいからと心に決めて、きっぱりと断ったのである。中本はぼくより二年とし上だったからだけでなく、そのそぶりがものすごくえらそうに見えた。今もチェーホフ、ロシア演劇の専門家としてえらそうに見える。が、ぼくのことをあまり知らずにこんなに軽い調子で、演劇という重い世界、ましてやチェーホフの、世界がわかるのだろうとも思ったものだ。

　かれにその次に会ったのは、一橋大学大学院の入試の時だった。当時の一橋大学院の入試では、外国語二科目が必要だった。ぼくはフランス語とロシア語で受けた。二列後ろには、あの中本さんがいて、答案を書いていた。こんなできる人が受けているんじゃ、もうぼくはだめだと観念した。

　ところが中本は落ちて、ぼくが合格した。びっくりした。ロシア語専攻で文句なしにあらゆる点で完ぺきだったはずの中本が落ちて、モンゴル語専攻で、息もたえだえにやっと答案を書いたぼくが通った。きっと出題者の金子幸彦《ゆきひこ》先生が、この不運なモンゴル研究家を救おうと、ちょっといたずら心にかられてひいきしてくれたとしか思えないのである。問題は、ひいきされていると感じた学生はその後どうするかである。先生の期待を裏切り、めいわくをかけてはいけないと、涙ぐましい励み方をするものである。で、ぼくもそのようになったのである。

　金子先生は、ぼくが高校二年生のときに、新橋駅近くにあった、産別会館という労働組合の集会場のようなところで、先生がまだ無職のときに——と、その時の講演会の主催者は紹介した——行われた講演を聞いたことがあり、先生は、そんなことは全くご存じないはずだった。金子先生には、ずっとすまなかったと思っている。一橋に入ってからは先生のゼミに参加した。先生はぼくに一言、田中君、博士課程の試験にはロシア語を選ばない方がいいよと。金子先生についてはあらためて書きたい。

東京外語モンゴル語科とはどんなところか

ぼくがモンゴル語科を選んだ理由は、他の語科の案内に比べて最も学問への道を強調していることだった。就職に有利だとか、そんなはしたないことは書いてなかった。書こうにも書けなかったからであろう。中央アジアだのユーラシアだのということばは用いられていなかったが、「西域学」にも欠かせない言語であるというようなことが述べてあった。あとで、文化人類学の石田英一郎先生に、ぼくは外語のモンゴルですと言ったら、先生は、私は外語の夜学に通ってモンゴル語を勉強したんですよ、身につかなかったけれどねと言って、ぼくには特別に親切にしていただいたように思う。モンゴル語とは対照的に、もうかる商業言語であることを強調して目立っていたのはスペイン語である。後に言語学をやってみて、この言語がヨーロッパ史の上でいかに重要であるかを知ることになるが、それにはまったくふれず、ひたすら商業言語である点に力点を置いていたのは、この言語のために不幸な案内のしかたであった。

スペイン語科に入った学生の話によると、最初のあいさつ、ガイダンスをやった笠井鎮夫という教授が、スペイン語科を出た以上、成功者にならなくてはならない。成功者とは自分の家を持っていることはもちろん、まず運転手つきの車を持たなければならない、……等々と話したということだ。何という下品な学科だと思った。この人の名は大学書林の『スペイン語四週間』の著者として知っていたが、その他、外務省の外交官試験のスペイン語の試験官だということでも知られていたらしい。そんなことで自慢するようなスペイン語科というところは、モンゴル語科というところと比べて何という下品なところだろうと思った。

しかし、スペイン語にも、ほんとに尊敬すべき会田由《あいだゆう》という先生もいた。そのことについてはあとで述べたい。

モンゴル語学科は、当時の公式の名では、第六部第二類だった。第一類は中国語だった。どうしてこのような名になっていたかはあとで述べよう。

モンゴル語専攻に合格したのは六名だったが、夏休みまでに二人はやめて四人になった。それでも四つの学年の中ではぼくの一年生クラスが最大で、上級生を見ると二年生は二人、三年生はゼロ、四年生は一人といううぐあいであった。四人の新入生を迎えた教授陣は、久しぶりのにぎわいで大喜びのように見えた。

あとで聞いたところでは、ぼくたちの年も六八人だかが受験をしたが、合格者が六名しかいなかったのは、英米科などの教師が、こういう低得点の受験生は天下の外語の学生にするにあたいしないとして、全学的な高いボーダーラインを設けて、合格させなかったからだという。この話を聞いて、ぼくは次のようなことを想像した。ぼくも、もしかして、合格点に達しない、あるいはすれすれのところで落ちていた。ところがモンゴル語の教師は、一人でも多くの学生がほしいものだから、ぼくを合格させるために、英語の教師たちの間を拝んでまわったのではないかと。でなければ英語の先生、たとえば後に学長になった小川芳男さんなどが、ぼくのことをあまりにもよくご存じで、あんなにたびたび酒にさそうようなことはなさらなかったはずだ。小川先生はぼくが『ことばと国家』（岩波新書、一九八一年）を出した時、英米科の教え子たち、特に女性を三〇人ほども集めて、盛大にお祝いをしてくださった。その時ぼくは外語を去って、岡山大学に移っていたのに。

モンゴル語の知識のある学生を求める企業は、当時ゼロと言ってもいいくらいだったのに、なぜこのような大きな定員があったかといえば、戦争中の遺産であったと言うにつきる。――ぼくが後に、このモンゴル語科の教授陣に加わった頃にアラビア語科が新設され（大阪外語にはすでにあった）、その定員は一〇名であった。

ぼくは、モンゴル語よりもはるかに重要で実用性の高いアラビア語科が一〇名では少なすぎるから、モンゴル語科の二〇名から一〇名をアラビア語科に提供して、アラビア語二〇、モンゴル語一〇とするように提案したが、それはあまりにも過激だというので、一五ずつになったとおぼえている。

ぼくの提案はまっとうなものだったけれども、今から見ると、状況を知らぬ子どもっぽい思いつきから出たものだった。というのは、学生定員が減ることは、それだけ予算が減ることを意味し、ことによると、教官の定員にも影響が及んでくるかもしれなかったからである。ぼくが専任講師の分際でそんな突飛な提案をしたのは、ひたすら公平を重んずる世間知らずだったからだ。

このようにぼくの年は四人の学生をむかえた。ところが教授陣といえば、教授一人、助教授一人、助手一人、それに外国人講師一人を加えて計四人である。何というぜいたくであろうか。

しかし全体としてみると、全国の大学の中で外語がいかにみじめな状況に置かれているかを率直に語ってくれたのは、坂本是忠《これただ》氏であった。氏によれば、一期校を落とされた学生たちは、「親に金があれば、早稲田か慶応に行くはずだ。金もなく、力もないやつが来るのが外語なんだよ」との説で、まったくリアルそのもので、見方によれば痛快でもある分析をそのままに言ってのける人で、ぼくはその率直さにいたく感銘した。しかし、このような率直さが悪い方にはたらくと、とんでもない結果をみちびくものだということを、おいおい知ることになる。

最初の授業

最初の授業に現れた先生は、二〇代後半らしい、助手の小沢重男先生だった。モンゴル研究の書物を手に入れるにはどこへ行けばいいかという、いわば文献案内で、神田の古書店の地図を黒板に書かれた。

次はモンゴル語の辞書の話である。大阪外語が出したガリ版の辞書、陸軍参謀本部が出した大冊の辞書などが紹介された後、権威ある辞書は、I・J・シュミットの『モンゴル語＝ドイツ語＝ロシア語辞典』で、一八三五年にサンクト・ペテルブルクで出たもの。次にO・M・コワレフスキーが、一八四四年から四九年にかけて、カザンで出した『モンゴル語＝フランス語＝ロシア語辞典』の、全体で二六九〇ページからなる三冊本であった。そのほか、フィンランド人のG・J・ラムステットの『カルムィク方言＝ドイツ語辞典』（ヘルシンキ、一九三五年）、ベルギーの宣教師モスタールトの『オルドス方言＝フランス語辞典』などであった。

小沢先生は、東京外語でモンゴル語をやって後、東大言語学科で言語学を修めてから、外語の助手になった。新進で、当時若さのみなぎった人だった。そして、今年は学生が四人もいるというので張り切っておられたように見えた。

この最初の授業が、ぼくに与えた感銘は並のものではなかった。まずモンゴル研究には、ロシア語とドイツ語の知識が不可欠だということだった。先生が紹介された、アルタイ学、トルコ学のすぐれた案内書、J. Benzing, *Einführung in das Studium der altaischen Philologie und der Türkologie*（ベンツィング『アルタイ文献学とトルコ学研究入門』), 1953, Otto Harrassowitz, Wiesbaden の序文は、「この分野の研究において学術的研究をしようと思えば、ロシア語の知識なしには不可能だ」と述べているし、一九四一年に粛清の危険が迫るソ連を逃れてアメリカの大学に移ったニコライ・ポッペもまた、アルタイ諸語の研究に不可欠な言語であるドイツ語もロシア語も知らないアメリカの学生を前に呆然とした経験を述べている。しかも、一九五三年当時、神田の古書店では、これらの辞書が買えたのである。奨学金二か月分ほどを注ぎ込めば、一冊は買えた。そうして買った本は、何度もの引っ越しにもかかわらず、いまだにぼくのまわりに、守り神のように付き添っている。

この小沢先生のモンゴル研究案内を一日聞いただけでわかったことは、モンゴル研究にはよほどの覚悟をもってかからなければならないということだった。ロシア語、ドイツ語、フランス語はもとより、ポーランド人のコトヴィチがポーランド語で書いたアルタイ語研究もある。

その後、さらにわかってきたことは、言語の研究に進めば、トルコ語の知識も、また文化の研究に進めば、どうしてもチベット語の知識も必要になるということだった。

外語に入ったとたんに、ぼくがやるべきは、ビラまきなんぞではなく、こういう国際的な研究の最前線に立ちたいという野心と野望が燃えあがったのである。そこで、毎年二言語ずつやるとして、四年間で八つの言語――モンゴル語以外に――を身につけるという計算だった。そのとおりにはいかなかったが、言語学に関心を深めていくにしたがって計画外のラテン語とサンスクリットの授業にも出たが、この二つは卒業論文などのために妨げられて全うできなかった。

そして、モンゴル研究に不可欠なのは中国語であるが、これには熱中しなかった。この弱点は後々にまで尾を引いていて、今もくやしい思いが残っている。

モンゴル語科の授業

モンゴル語は就職には全く役に立たない言語である（モンゴル人民共和国という国があることは知ってはいたけれども、当時、日本との間に国交はなかった）。そのことを教師たちはよく知っていて、いくつかのモンゴル語の授業は実質的には中国語を教えていた。

主任教授の小島武男先生は中国語が大好きで、熱心に中国語を教えられてきたらしい。ぼくにも、この先生の授業はほんとにいいとわかった。先生から中国語の力をつけられた学生は、対中国関係の貿易をやっている有名商社に次々に引き取られていった。

当時、東京外語の専攻には、直接専攻言語の名は出されなかった。英語科は第一部、フランス語科は第二部というぐあいだった。そして、第二部の第一類はフランス語で、第二類はイタリア語だった。つまり、あまり売れない言語は第二類で、第一類、大フランス語がかばい、そのかげにかくされていた。同様に第五部はスペイン語を第一類とし、ポルトガル語は第二類だった。その流儀にしたがって、第六部の第一類を中国語として、第二類をモンゴル語としていたのだ。つまり、モンゴル語科卒業の学生を、中国語という屋根の下に入れてかばい、あるいはそれに包み込んで商社などに売り込もうという算段だったのだ。しかしどんなにつくろっても、それはあくまで就職上は「第二類」、すなわち「二流」の言語だったのだ。ぼくは全体として九年間の外語教師在任中にやったことは、この「類」をはずし、さらに「蒙古語」を「モンゴル語」に改めることだった。「蒙古」とは「モンゴル」というオトを表すのだが、カナのない中国語は、こんな文字を用いて表すしかなかったのである。

学生の就職の未来を中国語にしか見出さなかった小島先生は、中国語専攻の学生に劣らぬ中国語の力をつけることに執心され、それはかなりな成功をおさめたようだ。しかしぼくは、入学一か月ほどで、がまんができなくなり、何回目かの授業のはじめに手をあげて、次のように言った。「じつはぼくはモンゴル語がやりたくて入ってきたのです。よもや先生は、モンゴル語ができないので、中国語の授業をやっているんじゃないでしょうね。次の時間からはモンゴル語を教えてください」。すると先生は、「田中君、きみはことばがすぎる。では、次の授業は、モンゴル語のどんなものが読みたいのか、それをここに持ってきなさい」と答えた。

ぼくは図書館からさがして、ジャムツァラノーが編んだ『青いモンゴルの青い旗』を、ガリ版で切って数枚作った。だいぶ後で明らかになったのだが、原著者はフランス人のレオン・カーン(Léon Cahun)という人で、副題は「十字軍とモンゴル侵寇時代における、イスラム教徒と異教徒の冒険物語」となっていて、一八七七年パリで刊行されたものであった（この本がどのような経緯によって外語の図書館に入ったかについては、中公新書『草原の革命家たち』の一九〇ページに書いておいた）。

小島先生は、このテキストには自分の知らない単語が出てくる、君はどこでこんなことばをしらべてきたんだいとたずねられたから、コワレフスキーはじめいろいろな辞書をあげた。

このことを書くのは、自分のものしりを自慢するためではない。小島先生はおもに内モンゴルの文語をやっておられたから、そこにはこれらの語がなかっただけである。先生はたいへんいいことを教えてくださった。モンゴル語は一つではないのである。この本は一九二三年に、まだ庫倫《クーロン》と呼ばれていた頃のウランバートルで出たものである。

この『青いモンゴルの青い旗』を読みはじめてから、仲間は出席しなくなった。かれらはどうしたか知らないが、授業は結局、先生とぼく一人になってしまった。

テキストをぼくはガリ版で切ったと書いたが、当時、東京外語の多くの語学科、タイ語、ペルシャ語学科などのテキストは先生が手書きで書いてガリ版で刷っていた。当時ヨーロッパ語のようにタイプライターで書けなかったからである。だからテキストを作ることじたいが一仕事だったのである。

坂本是忠先生への失礼

小島先生だけでなく、坂本是忠先生には、もっと無礼にふるまった。先生はモンゴルの歴史概説のようなことを講じておられたのだが、あまりにも教科書的でつまらなかったので、これもある時思い切って、「先生の授業は、ほんとにモンゴル史の専門家がやっているのだとはとても思えません。もっと本気でやってくれませんか」と注文したのである。

先生の顔は見る見る赤くなって、しばらくだまっておられたが、静かに先生の口から出たことばは次のようなものだった。

――田中君、ぼくはこれでもいろいろ準備してやっているんだよ。これからもうちょっとがんばってみるけど、もし君に頭が悪いと言われたらどうしようもない。頭の悪いのは努力ではなおせないからね――

先生のことばはあまりにも立派だったから、ぼくは自分の発言を恥じた。ぼくがもし教師だったら、あのような突然の無礼に、あんなに立派に対処できただろうかと。やがて現代史に入ると、先生の授業はさえてくる一方で、尊敬は深まる一方であった。

先生は歴史だけじゃなくて、モンゴル語を教えるのも要領を得ていて、先生手作りの教科書は、頭の悪い言語学者が書いたものより、はるかにすぐれていた。先生の名著の一つは、教室のために書かれ、新文字と呼ばれた、キリル文字正書法で書かれた文献を読むための、手作りのガリ版刷りのモンゴル語入門書だと思う。これを一月やれば、現代モンゴル語はおおよそわかってしまうほどうまくできている。

先生はぼくのあらゆる仕事をほめてくださり、友情は途絶えなかったが、それが最終的に終わってしまったのは一九六八、九年の大学紛争がきっかけだった。このことはまた後で述べることにする。

バルトリド『東洋史研究』とヴェルナツキー

坂本先生はロシア語が得意で、ロシアの東洋学にくわしかった。きっと先生のすすめで読んだと思うのが、ここにかかげたバルトリドの『欧洲殊に露西亜に於ける東洋研究史』（生活社）である。訳者として外務省調査部の名をかかげた、五七〇ページからなるこの魅力あるロシアにおける研究史は、ぼくの方向を決定づけたと言えよう。ぼくはこの本から、ロシアのアラブ学を含む東洋学研究の全貌を手に入れると同時に、その中でのモンゴル学の位置を知った。

先生はまたぼくの在学中に、ヴェルナツキーの『ロシア史』の翻訳を出された。アメリカに逃げて、英語で著作をやったような人の本を、なぜこの人は出すのだろうかとその頃思ったけれども、そのねうちを教えてくれたのが、一橋大学社会学部で同僚だった土肥恒之の『岐路に立つ歴史家たち』（山川出版社、二〇〇〇年）だった。ぼくにはまだ、この方面でやるべき仕事が残っていることを土肥さんは教えてくれたのである。

日本はこれからずっとロシアとつき合っていかなくてはならない。その前面に立つ政治家には、ぜひバルトリドを読んで、ロシアの東洋研究がイスラム、中央アジア、シベリアについていかに深い背景を持っているかを十分に知ってほしい。何よりも外交交渉とは教養のたたかいであることを。ロシアという相手のすばらしさとおそろしさは、こうした学問によってささえられていることを知ってほしい。ぼくはこの本を、日本国民がロシアを知るための必読書の一つに数えたいくらいだ。

モンゴル語演習のぜいたくな孤独

小沢先生のモンゴル語演習に加わる学生はぼくの他に誰もいなかった。それをいいことにして、田中君、君以外には誰もいないから、ラムステットのドイツ語の論文を読もうやと提案され、あまりわけもわからないのに同意した。かれの名論文だと言われる'Das Schriftmongolische und die Urgamundart,' 1902（モンゴル文語とウルガ方言）だった。

先生の手もとには、この論文の写真コピーがあって、それをお借りして、ドイツ語の原文を書き写した。当時、こうして写真にしてもらうと一ページが三〇円もした。ノートに筆写するのは手間だったが、しかしこうしておけば見開きのページの一方に書き写して、もう一つのページを訳語や注釈のために空けておけばいくらでも書き込みができた。先生の研究室の机のそばには、ドイツ語の冠詞の変化表がピンでとめてあり、それを見ながら読み、あやまりがないようにすすめていった。

後に、この論文の、ルードネフによるロシア語訳が図書館に入っていることがわかり、ぼくがそれを傍らに置いて読むことにより、格段に理解が深まった。あのロシア語の本は、たぶんぼく以外に誰も読まないだろうから、そこに鉛筆で書き込まれたいくつかの対照ドイツ語は、すべてぼくのものである。

ぼくは、あの頃の大学で、こんなに濃密な授業をやったところは他になかったのではないかと思っている。

小沢先生は東大の言語学科で、同じくモンゴリストだった服部四郎から多くを学ばれたにちがいなく、それで音声学の学識はことに深かった。東京外語の図書館には、オットー・イェスペルセンがドイツ語で著した最高水準の規範的な*Lehrbuch der Phonetik*（音声学教程）が入っていたが、これはドイツ語の教師が買ったものではなくて、モンゴル語の教授だった、竹内幾之助の蔵書から寄贈されたものであると記してあった。小沢先生は、それを誇らしげに示された。ぼくもこれによって、外語で学問したのはドイツ語の教師なんかではなくてモンゴル語の教師だったことをますます強く意識するようになった。ラムステットの論文がモンゴル文語とウルガ（ウランバートル）方言との音声面の比較を中心にしていたから、この論文によって、モンゴル語の文語と口語との関係のみならず、音声学への理解を深めた。

ちょうどその頃、中学、高校の英語、国語の教師たちを集めて、夏休みの間音声学を教え、新制度の教員免許にあわせた、教員資格を与えるための特別講習授業が行われていた。若い小沢先生は、かなり年とった現役の英語教師たちに音声学の特別授業をやっていて、ちょうどいい機会だから君も出ろということになり、その授業には皆勤した。そして、音声学こそ、すべての教養人の基本教養になるべきだと思った。自分がこんなふうに舌の位置をかまえ、唇を丸めたり、平らにしたりしながらオトを出しているかを全く知らない、すなわち生理を知らずして、唇や舌を知らないで、そこから発生する思想だけを高尚なものと考えている知識人とは変なものだと考えたのである。少なくとも、音声学を学ばずして外国語をやることじたいが学問としては基礎を欠いたヘンなことだ。

新文字（ロシア・キリル文字）モンゴル語とソシュール

このくだりで必ず書いておかねばならないのは、「新文字」のことだ。モンゴル語の授業で最初に学んだのは、縦書きの伝統的モンゴル文字で書かれた文語だ。これは今なお中国の内モンゴルでは用いられている。

ところが二年生の頃から、新文字モンゴル語を学びはじめた。このロシア文字を使ったモンゴル語は、モンゴル人民共和国では一九五〇年代からは本格的に用いられはじめていたけれども、この正書法で印刷された出版物は、日本にはほとんど入っていなかった。

東京外語には、一九四六年だかに、新文字によるモンゴル語＝ロシア語辞典の写真版が入っていて、きちんと製本されていた。小島先生の話によれば、これは朝鮮戦争の際にアメリカ軍が三八度線を越えてピョンヤンに侵入した時に、北朝鮮の図書館から持ってきたのだという説明だった。ぼくは、これをノートに書き写して、ほとんど写し終えた頃、一九五七年にもっと語数の多い二万二〇〇〇語を収めた、A・ロブサンデンデブの新版が現れたので、書き写すのをやめた。

そこでぼくが学んだことは、一つの言語に対し、それを文字表記するにあたっては、いくつもの方式があるということだった。

モンゴル語をローマ字やロシア文字を用いてアルファベート表記するには、いろいろな方式がある。特に母音をどの程度まで示すかというのがモンゴル語の大問題である。

この問題こそ、音声学と音韻論の実践上のかけがえのない分野だ。日本では、ソシュールの『一般言語学講義』を読み、いろいろな版を校合する研究がはやり、さまざまな議論を論著にして発表する人は少なくないが、その誰一人として、ソシュールの冒頭部分に置かれている「音声学の原理」をとりあげた人はいない。ここでは、音節を構成する際の子音と母音の関係が相対的にとり扱われていて、モンゴル語の母音表記の規則がなぜこのようになっているかに強力なヒントを与えてくれる。後に服部四郎『音声学』（岩波書店）を読むにおよび、このところをさらにくわしく研究したのがモーリス・グラモン（M. Grammont, *Traité de phonétique*, 1956[4], Paris, 音声学概論）だと知り、これをとり寄せて読んだ。そしてこのテーマ、すなわちソシュールの音節論から見た、モンゴル新文字正書法がぼくの外語における卒業論文になったのである。

この仕事は、言語学者としてのぼくに堅固な基礎と自信を与えてくれた。

ぼくが、音声学と言語学をきちんとやらない人は、ほんものの言語学者ではなく、言語について語る資格のない人だと思うのは、こうした経験によるものだ。

音声こそが言語で、――なぜなら、それこそがことばが現れた唯一の実体であるから――文字はあくまでその影にしかすぎないというソシュールの言に同調するゆえんである。文字は、その音声という実体を、さまざまな観点から、さまざまな方法で写す、不完全きわまりない手段にすぎないからである。そして、音声を追放し、文字づらだけを見て言語を研究するようになってからは、言語学は言語ではない、別のものを対象にするようになったのである。これではとても「言語の起源」などを論じる資格はないのである。文字のまったくない、オトだけのことばを人々がしゃべりあって、何万年間も続いた状況を考えなければ、起源などは論じられないのである。

この母音と子音との区別は相対的でしかなく、くっきりと峻別されるものでないというソシュールの見方は、かれがスラヴ諸語に親しんだからではないかと思われる。たとえば、チェコ語には表記の上ではvlk（おおかみ）のようにまったく母音を持たない独立の単語が許されるのはなぜかということを教えてくれるのである。

ソシュールはライプツィヒやベルリンで、ドイツの青年文法学派の中に浸りながら、一方では、ボドアン・ド・クルトネのようなスラヴの学者に学んで、みごとな伝統をヨーロッパの言語学の中に残したのである。

ぼくはソシュールの名とともに、朝鮮語学者の河野六郎のことばを忘れられなくおぼえている。この人とは飲みながら一度だけ話したことがある。河野さんは、「ソシュールは実用的だからね」と一言おっしゃった。心の中で、この人はすごいなあと思うばかりだった。ぼくはいたく感動して、何も言わなかった。そう、ソシュールを理論としてだけ扱ってはいけない。あらゆる言語の実践的観察にソシュールの教えは生きて役立つのである。

ぼくはなぜ英語教師の免許を持っているか――アメリカ占領軍による言語教科担当教員資格の要求

ぼくが東京外語に入った昭和二八年前後に、中学・高校教員免許制度の上に大きな変化が起きたらしい。それは、国語、英語、要するにことば関係の教員免許授与にあたって、必ず言語学概論と音声学を大学で修めることが義務づけられたらしい。そのため、国語、英語の教員免許を出す大学は、必ず言語学概論の授業を設けねばならなかった。こうした必要から各大学は、大急ぎで言語学概論のための教師を招く必要にせまられた。そのための資格のある人は少なかっただろう。で、言語学科を出たてのほやほやの学生が引っ張りだこになったのである。

言語学を全く知らない、現役の教師たちは、夏休みなどに設けられた集中コースで、言語学の特別授業をとって、資格が追認されたのである。そのために、東京外語では、中学高校から年配のベテランの英語教師たちが集められて、小沢先生のような、まだ学生あがりのほやほやの助手が、再教育の任にあたったのだ。ぼくもさそわれて、それを傍聴したことは前に述べた。

この新しい制度の導入によって多大の利益を得たのは、東京大学と京都大学の言語学科だった。思い出しついでに書いておくと、敗戦直後の日本では、占領軍が手紙の検閲をしていた。東京からの父の手紙はときどき開封され、検閲ずみの印とともに、セロハンテープで閉じてあった。これが、ぼくがセロテープという、ものすごく進んだ文房具を知った最初だった。で、誰が中味を検閲したのか。東京大学言語学科の学生たちだったのだ。――この話は、ご自身も、開封・検閲の業務にあたった竹内和夫さんから聞いた。

言語学の授業を受けることを、言語教育にあたる教員免許授与のための必須条件とするということの制度は、アメリカ占領軍の指示によるものだったらしい。アメリカ占領軍は、日本が、あのような狂気の戦争をやったのは、どうやら日本語のせいだと考えたようだ。日本語を狂気の温床から切り離すには、あのわけのわからない漢字をやめさせる――そのためには言語学が必要だと考えたのであろう。漢字をやめてローマ字表記にするには、何よりも、日本語の音韻論を確立しなければならない――そのための言語学である。服部四郎の『音韻論と正書法』（研究社、一九五一年）はそのために書かれた高度な啓蒙書である。

以上のように要約するのはいささか単純すぎるにせよ、とりあえずこうしておこう。

占領軍のせいで、それまで全く言語学などに場を与えなかった大学までが、教員免許をだすために言語学を授業科目に設けざるをえなくなった。一橋大学も、かくて言語学の授業を設けねばならなくなり、それまで「国語と習字」の担当者であったという亀井先生が引き受けられることになった。

亀井先生の言によれば、言語学には河野六郎を推薦したのだが、教授会で、それよりもおまえがやれと言われて引き受けたんだよ、ぼくはもとは国語と習字の教師だのにねと。なぜ習字なのかとうかがったところ、「商業学校（一橋大学のこと）だから会社に就職する時に履歴書を毛筆で書かねばならんだろう。そのためなんだよ」と。

ぼくはこうした来歴を知っているからこそ、一橋から言語学が消えてもともとと思うけれども、それだけに苦労して維持してきた言語学を一橋が失うことは、また商業学校にもどったことになってしまうと考える。この問題については後でまたもどりたい。

占領軍の政策で、このように言語学がポピュラーな学問になるとともに、次には教員免許の、国語、英語の単位を、言語学の単位で置き換えてもいいということになった。

第二外国語で英語をとると、一科目二単位しかかせげない。ところが言語学は四単位になる。講義だけでなく、演習、特殊講義などもそれぞれ四単位だったから、その三つを併せると一二単位となり、これを英語の授業でとろうとすれば、六コマもかかる。英語の免許に必要な三二単位だかをとるには一六コマも英語の授業をとらなければならないのである。

ところがぼくは言語学の特典のおかげで、比較的楽に英語の免許がとれたのである。で、英語を読むかわりにぼくは何を読んだか、ヘルマン・パウルをドイツ語で、トルベツコーイをフランス語でなどというぐあいである。

この夢のような制度は五年ももたないでくつがえされてしまった。日本英語学会などで決議をやって、英語教員免許資格から言語学を追い出そうと、英語教師がクーデターを起こしたらしいのである。たぶん国語教師もそれに追随したであろう。そうしないと、英語、国語教師の席が言語学に奪われてしまうからである。

言語学は戦後の日本語と、日本人の言語意識の民主化にはかり知れない貢献をしたのだったが、英語の勢力から見れば、りくつばかりを言って、実際には英語のできない、なまくら教師を先生にする結果を招いてしまったのである。このあたりの事情については、ぼくの知識は正確ではない。誰か、くわしく、日本英語教育史の興味ぶかいページとして、ぜひとも研究してほしい。

ぼくの学問的理解では、占領軍の言語学への後押しは、アメリカ・プラグマティズムの普及にあずかった鶴見俊輔さんの思想運動と一体になっている。だから、ぼくは鶴見さんとプラグマティズムをかなり研究した。そして日本の民主主義に欠かせない要因の一つに、マルクス主義以上にプラグマティズムを加えているのである。

モンゴル研究に必要な言語の知識——まずフランス語を学ぶ

モンゴル研究がいかに多様な国際的研究の上に築かれてきたかが、次第に明らかになってくると同時に、もしこの分野に献身するとすれば、いかに多くの外国語に通じていなければならないかがわかった。

研究論文を読む上で、とりわけ欠くことのできない外国語はロシア語とドイツ語、そしてフランス語だった。ロシア語は中学の頃から、このことばはむつかしそうだけれども、文字さえおぼえれば何とかなるだろうと見当をつけた。ドイツ語もそうだ。——じつはほんとにやってみると、ドイツ語はロシア語よりむつかしいことが後でわかったのだが。しかしフランス語の正書法はかなりひどいものだから、これはとにかく授業に出て、一からやらないとどうにもならないと考えて、第二外国語としてはまずフランス語の授業を三つ選んだ。この時にフランス語をやったことは、後になって考えてみると、たいへんいい選択だった。

一つの授業は文法の基本と発音であり、毎時間作文の宿題が出た。新里栄造先生のこの授業は、はじめは二〇人ほどが出席していたが、次第に減って最後は六人だけが残った。ぼくとしては、大変めずらしいことだが、ほぼ毎回作文の宿題の答案を出して最後まで残った。文法だけなら途中で投げ出していたかもしれないが、この先生のフランス語音声学はたいへんよかった。ぼくは熱中して、ある時、ロシア語の本を輸入して売っていたナウカ書店で、『フランス語音声学』というロシア語の本を三一〇円で買った。これを一冊読みあげたことによって、ロシア語で学術書を読む自信がつくとともに、フランス語の音声学と音韻論的構造がよくわかったあげく、自信満々となり、どうしても自分の学識を誇示したくて、毎週の授業への出席が待ち遠しくなった。

ぼくの知識は先生の知識を凌駕していた。先生は率直に驚かれるとともに、ぼくの専攻がモンゴル語だとわかると、さらに驚かれ、「あなたも、いずれモンゴルの大使になられることでもあれば、きっとフランス語が役にたつこともあるでしょう」となぐさめてくれた。モンゴル研究にはフランス語は余計な知識だと思われ、同情されたのであろう。この先生だけでなく、じつは多くの人がそう思っていただろう。

ところで、この『フランス語音声学』の著者シチェルバ（一八八〇―一九四四年）は、サンクト・ペテルブルク大学で、ボドアン・ド・クルトネの後をつぎ、ロシア、ソビエト時代を通じて、言語学の中枢を担った一人である。

徳永康元先生の言語学概論や講読の授業では、ソシュール、エドワード・サピアなどが扱われていたが、ぼくのフランス語熱は勢いあまって、サピアまで仏訳本を注文し、フランス語で読むくらいだった。

徳永先生のゼミナールではさらにトルベツコーイを読んだが、ぼくは当時ドイツ語ができなかったので、これもカンティノーによる仏訳で読んだ。

すでに書いたことだが、ソシュールの、たぶん誰もまじめに読まないだろう、あの音声学の部分に惹かれ、さらにモーリス・グラモンの *Traité de phonétique* を自分で買って読んだ。しかし音声学の本がフランス語で読めたからといって、それだけでフランス語が読めると自慢できるわけではないことは、文学を読んでみればすぐわかる。論文を読むための外国語ならば、ある程度は誰にでもできるが、言語表現の真髄は常に文学の中に現れるものである。

前嶋信次先生のフランス語授業

フランス語は、バルザックを読む授業にも出た。それはどんどん、たくさん読んで慣れるためのようなものであった。しかし、文学だと思って出た授業の中に意外なものに出会った。

その先生の名は前嶋信次と言った。まず最初はエミール・ゾラの「水車小舎の攻撃」、次にギゾーの文明論、そして、シャトーブリアンだった。

先生は、それぞれの作品に出てくる女たちを、いろんな方面から光をあてて眺めるようにして論じられるので、それにつり込まれていると、いつの間にか、話が『アラビアン・ナイト』に現れる女の方に流れていってしまうという、ふしぎな授業だった。先生は話はうまい方でなく、むしろトツトツとした、いわゆる訥弁だったが、それが何とも言えぬ風流の味わいをかもし出して、聞き入ってしまうのだった。先生は、ぼくの方に、とくにまなざしを向けて話されるのもふしぎだった。マンガーノと呼ばれていた豊満で、あの年にしてはなまめかしい女子学生もいたのに、先生のまなざしは、より多くぼくの方に注がれていた。それがなぜなのか、だんだんわかってきたことは、ぼくがモンゴル語を専攻する学生だったからだ。

その頃、東京外語は西ヶ原にあって、そこから染井墓地を抜けて巣鴨の駅まで歩いて出るのだった。授業が終わると先生にさそわれて、この道を一五分くらいご一緒し、山手線に乗ると、そこから新宿まで、先生は風呂敷をほどいて、いまフランスではこんな本が出てるんですよと、中央アジア史やタタール人についての本を見せてくださるのだった。その中には、ぼくに見せるために、わざわざ持ってこられたらしく思われるものもあった。

不覚にも、後でわかったのは、先生の本来のお仕事はアラブ学であり、当時は、やがて平凡社の「東洋文庫」シリーズに現れることになる『アラビアン・ナイト』の翻訳に熱中しておられたのであろう。

先生は東京外語のフランス語を出てから、東大の東洋史にすすみ、みずからアラビア語の話し手を見つけて学び、この道に入られた方だった。そのような、フランス語が専門でない人に、第二外国語としてのフランス語を教えさせていた、あの頃の東京外語のフランス語の先生たちに感謝したい。大学には、この道一筋というよりは、こうした、いろいろな学問を彷徨した経験のある教師がもっともっと必要である。それこそが、学問というものの生きた見本だからである。

先生の論著は、平凡社で出ている、世界にも稀な驚嘆すべきシリーズ「東洋文庫」の中に四冊「前嶋信次著作選」として入っている。その一冊『書物と旅　東西往還』の索引には田中先生のお名前が出てますよと編集者が知らせてくれた。その本文にぼくは「少壮気鋭の人たち」の一人としてあげてある。これは一九六四年に書かれた文章だから、ぼくは当時三〇歳だった。『アラビアン・ナイト』の専門家でぼくにフランス語の手ほどきをしてくださった、アラブのラクダのような長い顔——と人は言っていたらしいから、ぼくもそのまねをさせていただきます——をしていた先生、ぼくは今八二歳、先生が亡くなられた七九歳を三年よけいに生き延びました。にもかかわらず先生と比べてほんとにまだ学問は浅いけれども、もう少しがんばってみます。見守っていてくださいね。

ドイツ語の勉強

フランス語がわかったので、次の年はドイツ語をやった。文法を教えていたのは生駒佳年さんという先生だった。頭のはげ方が、東独の首相ワルター・ウルブリヒトによく似ていたので、何となくドイツっぽい人だなあと思ったが、大教室でもあり、文法の説明はあまりさえなかった。後に知ったことだが、あのスパイのリヒャルト・ゾルゲが捕まった時に、訊問の通訳をやった人で、そのことをお書きになった著書もある。

公刊された裁判記録を見ると、ゾルゲは通訳のドイツ語、いやたぶん、ドイツ語を使った意味の伝え方があまりひどいので、通訳を断って、自分で日本語で話したなどと記している。その通訳とは生駒さんのことだ。その他ヘッセなども読んだが、総じてドイツ語科の授業はあまりさえないものだった。

後に教授会のメンバーとなって、ドイツ留学のさまざまな書類の作文が必要になって、ドイツ語の知り合いの教師たちに相談すると、藤田五郎先生に見てもらいなさいと、皆がそろってそう言った。藤田先生はドイツ語作文の大家として知られていた。この人は授業にきびしく、定刻どおりに授業をはじめると、教室の入口の扉のかぎを閉められるとのことである。教室に入れない学生は、校舎の外で、雨の日は傘をさしながら窓越しに授業を聞いたということである。

外語では、同じ年にドイツ語科に入った金子亭とデモで知り合い——ぼくはいっさいの政治活動に加わらないと決心していたが、デモだけは一般市民の生理であり、義務だと考えて参加した——かれが主宰していた「共産党宣言を読む会」に加わって、少し勉強した。

金子亨は北海道生まれで、自分にはアイヌの血が入っているんだと言っていたが、長いドイツ滞在の後に千葉大学にドイツ語ではなく、言語学にかかわるポストを見つけてからは、そこについに、「ユーラシア言語文化論」と称する講座を設けることに成功し、そこにアイヌ語の中川裕君を採用し、極北、シベリア諸語を研究する学生を集めるという不朽の事業をなしとげた。この講座は千葉大学が絶対に失ってはならない財産である。

ぼくの知っているかぎり、いま大学に職を得た若い研究者たちは、自分の給料を得たら、あとは身の安全だけを考える、ありきたりの安っぽいサラリーマンになり下がってしまった観がある。自分たちの座っているポストが、先輩たちがどんなに理想に燃え、努力を積んだ、そのおかげで設けられたものであるかを全く顧みない様子である。

ぼくがドイツ語がどんな言語かほんとにわかるようになったのは、一橋大学で教えておられた橋本郁雄先生のおかげである。この先生は、大学院でハイデガーの自伝のようなもの、それにシュニッツラーの短編を読んでくださった。

この授業を通じてユダヤ人としてのシュニッツラーにぼくは大いに関心を持った。とりわけ、ウィーンのドイツ語作家としてのシュニッツラーとイディシュ文学との関係を論じた研究書など、いくつかの本を買って、いつでも読めるようにと目に見え、すぐに手でとれるところに置いているのだが、最近これらを開いてみることは稀になった。口惜しいかぎりである。でも、いつかはこのテーマにたちもどってみたいという祈りのような気持ちを抱いている。

ロシア語の勉強

以上述べたフランス語もドイツ語も、すべて、第二外国語として学んだものである。しかし、ロシア語は通常の一般語学としての授業には出ず、ロシア語の専攻科目としての授業に二つ出た。当時の東京外語の学則によって、「自分の専攻言語の単位を他学科の専攻単位をもって代える」ことが認められていたからである。第二外国語の授業に出なかったわけは、中学生、高校生の時にちょっとかじっただけで、すでにロシア語は「自習して」いたという、妙な自信があったからである。それで「既習」の力試しに、ロシア語専攻の授業に出てみたのである。

ショーロホフの『拓かれた処女地』の講読に出て、ぼくは文学のロシア語を読むのがどんなに大変かを思い知った。しかもこの作品は、当初かなりな方言で書かれていたので、スターリンの批判を受けて、書き改められたのだと、石山正三先生は説明して、ぼくをなぐさめられた。君がむつかしいと思うのは当たり前だと。それでもまあまあの点をいただいた。

もう一つは、ミチューリン先生の「ロシア語史」で、ロシア語による授業だった。この授業は、ぼくがロシア語についての最も重要な知識を得る機会になった。先生は、この授業でも、おそらくぼくのロシア語の知識の貧しさをあわれみながらも、まあまあの成績をくださった。

このことがあってより、ぼくは自分のロシア語の貧しさに打ちのめされたようになり、夏休み中、日ソ親善協会の夜のロシア語コースに通うようになった。昼間はモンゴル科の先輩が見つけてくれた池袋税務署のアルバイトにつとめた。仕事は取りすぎた税（過誤納）の還付係で、楽であった。中でも、大下宇陀児《うだる》という作家に、かなりな額を返したことをおぼえている。係長さんや仲間がほんとによくしてくれた。税務署が終わると、すぐに池袋から代々木まで山手線に乗ってロシア語にかけつけた。

その夜のロシア語コースでは、早稲田の先生で、版画家だというブブノワ先生が、ツルゲーネフの『猟人日記』を読んでいた。今でもよくおぼえているのは、ジェルタロートゥイという形容詞が現れると、これはあなたのような人のことを言うんですよと説明したことだ。「くちばしの黄色い」という意味である。

もう一つの授業は、発表されたばかりの、スターリンの『マルクス主義と言語学の諸問題』を読むためであった。スターリンの母語はグルジア語だから、かれはロシアにとっては外国人みたいなものだから、そのロシア語はとてもわかりやすかった。

この授業には、外語の四年生だという千野《ちの》栄一が出ていた。かれは受講生というよりは、ロシア語学、いやスラヴ言語学を専攻する人として、いろいろと専門的な意見を述べて、講師の先生を助けるような働きを示していたけれども、ぼくにでもあきらかにわかるアクセントの間違いがあって、四年間もやっているのにこの人のロシア語はたいしたことないと思ってしまった。

というのは、石山先生のショーロホフの講読で、ご自分がテキストをお読みになって、もしウダレーニエ（アクセント）の間違いを三つ見つけたら、それだけで優をやるよと言いながら授業をしておられたので、ぼくには、ロシア語では、アクセントの間違いが致命的であると感じられていたからだ。後になっての話であるが、その後、千野栄一は、亀井孝、河野六郎という二人の大先生をさそって、三省堂から『言語学大辞典』を刊行した。亀井先生は、編集会議で会うたびに千野は田中の悪口を言うんだよ。君は千野からあんなに憎まれるんだから、よほどえらいんだねと言われた。ロシア語のアクセントは、ドラマチックに位置をかえるが、チェコ語のアクセントは常に第一音節に固定されているので、ロシア語を学ぶチェコ人を大いに悩ませるものである。千野のアクセントのあやふやさは、ロシア語を完ぺきに身につける以前にチェコ語に手をつけたせいかもしれないと思ってみるのである。また、経験したところでは、ポーランド人もロシア語を話すのをいやがるものだ。マリー・キュリーの伝記に、ロシア語の授業をいやがって抵抗したことがくわしく書かれているから、ポーランド人がいかにロシア語に抵抗するかはよくわかるけれども、一方において、ポーランド語のアクセントは語末かうしろから二番目と定まっているので、かれらにとって、ロシア語アクセントがいかに難物であったかもよくわかる。

昼は池袋税務署、夜はロシア語という無駄のない生活がたたって、過労の上、栄養は悪く、ついにアメーバ赤痢にかかってしまった。この病気は当時、輸入の砂糖を通じてひろまったらしいと新聞で読んだ。この件では当時、住んでいた代々木の管轄であった渋谷保健所では大変お世話になった。紹介された荏原《えばら》病院の院長さんだか、内科科長さんだかに親切にしていただいた。院長室のようなところに呼ばれて、特別に話をしたような記憶がある。この人は、ただのお医者だとはとても思えない雰囲気があったが、二、三年たってからのある日、新聞にモーツァルトと病気のことを書いておられたのを発見した。ああ、渋谷保健所の渡辺さんは、こんなえらい先生のところにぼくを送り込んだのだと感激した。この人たちは、みな世を去られただろう、ぼくが一度もお礼を言わないうちに。

一橋大学大学院時代

一橋大学社会学研究科とはどういうところか

一橋大学大学院の口述試験に立たれたのは、哲学の太田可夫《よしお》とフランス文学の山田九朗だった。太田さんはたいへんうちとけた様子で、ほうほう、亀ちゃん（亀井孝のこと）につくんだってね。ところでやっこさんはいまケンブリッジに行っていて、一年しないと帰ってこないよ。亀ちゃんの論文、何を読んだんだい、というような調子だった。

山田九朗さんは、むかしモンゴル人の学友がいてね、モンゴル語の発音は口のなかで舌がクチュクチュと音を立てているような……とこれも世間話のような調子だったが、お二人とも、ぼくのように変わった専攻をやる人間を歓迎しておられることはまちがいないと見た。おもしろいことに、一橋大学社会学部の先生は、いずれもご自身マイノリティーだと深く意識しておられたようだ。商学部や経済学部から見れば、何の役にも立たないことをやっていることになるのだろう。マイナーな扱いしか受けてない先生は、やはりマイナーなぼくの学問に対してやさしい気持ちを抱いておられたのであろう。入学して授業がはじまるとぼくは、山田先生の専門らしい、一三世紀にギヨーム・ド・ロリスとジャン・ド・マンが書いたという『ロマン・ド・ラ・ローズ（薔薇物語）』を買って少し読まされ、それについての話を聞いた。太田先生には、何かあると、研究室を訪ねていって苦情を言ったり相談したりした。あるとき、この図書館には、ぼくの必要とする本も少ないし、仲間もいない、孤独ですと言うと、太田先生はいきなり、「だからあなたに来てもらったんだよ。学問は本来孤独なものだし、一橋は金があるから、あなたのほしい本は何でも買ってもらえるはずだ」と言われたのである。

ぼくは自分がいかにいいかげんな気持ちでいるかをさとった。他人だのみではだめなのだ。自分が主体になってやらねばと気をとりなおした。

その年、大学院社会学研究科に入ったのは六人だったと記憶するが、いつも集まって飲んだりするのは三、四人だった。その一人が阿部謹也だった。阿部こそ、やっている専攻からしても一橋の中核的人間だったが、かれの口からは、いつも孤独さが吐露されていた。しかし、かれには増田四郎という頼りになる先生がいるんだと、会うたびに増田先生をほめたたえ、そして上原専禄を、あれは学問でないとこきおろしていた。しかし、いつの間にかそれが逆転した。そのあたりについて、ぼくには固有の解釈があるけれども、それをここで書くのは読者にとってめいわくだろうから、つつしむことにする。

ぼくは亀井先生の留守中は、金子幸彦先生、上原専禄先生のゼミに出てうさを晴らし、また外語ではできなかった勉強をしようと考えて、大畑末吉先生の「スピノチズムの研究」に出た。大畑先生はアンデルセン童話の翻訳者として知られていたが、この授業に出ることによって、他では決して学ぶはずのないスピノザというふしぎな思想家の世界にふれることができた。これは、ぼくの言語学や、民族論の視野をぐっと拡げるきっかけになった。そして、先に述べた山田先生の『ロマン・ド・ラ・ローズ』である。

山田先生の語り口は、もやもやとして明快ではないけれども、この中世フランス文学を構造主義の観点から理解しようとされていることはわかった。このことは、授業の後、当時、東京女子大学から入ってきた鬼頭（北條）文緒さんと二人で、山田先生の話に肉づけしながら解釈した結果である。

最もお世話になったのは、非常勤で来ておられた石田英一郎先生だった。授業はいつも阿佐ヶ谷のお家まで、我々院生五人ほどで出かけ、午後二時頃から夕刻まで続いた。その間、奥様が、果物やお茶を出してくださった。非常勤の先生が常勤の先生以上にこんなにもてなしてくださるのは、ぼくたちに何か特別に目をかけていただいているからだと考えて、ぼくなりに理由を考えてみた。一つには、先生は東大が本務だから一橋には研究室をもっておられず、お家でないと必要な本を見せることができない。ぼくは先生がきちょうめんに外国語の本を読み、そこに色分けで傍線を引いて書き込みをしておられるのを見て、まねをしさえした。もっと大きな理由は、社会科学における文化人類学というものを学生と一緒に考えてみようというお考えがあったものと思われる。

前にも書いておいたように、先生は東京外語の夜学に通ってモンゴル語をやられたほど、モンゴルの伝承に関心がおありだった。先生の『河童駒引考』を見ると、ポターニンが集めたブリヤート・モンゴルの伝承を参照しておられる。ある時、お手紙をいただいた。「私はあなたのように基本的な勉強をしていないので、日暮れて道遠しの感じです」と。あまりのことに恐縮してしまった。ぼくは、先生の期待にこたえなければならないという責めを感じるとともに、先生への帰依は深まる一方だった。

ところが、先生の授業にのぞむ、阿部謹也をはじめ、他の学生たちの態度はぼくとはちがった。かれらは自らが歴史学の正統に立つものだと自認し、文化人類学への不信と反感とを共有していて、石田先生をどこかで、やっつけてやろうという気に燃えていたからであった。しかし石田先生はマルクス主義への深い理解があったから、この対立は単純な図式で整理できるものではなかった。だから、授業は、論争の熱気をはらんでいた。ぼくだけが石田先生の側に立って論争した。

論争の対立軸は、歴史学の方法と、文化人類学（言語学もここに含まれる）の共時学《サンクロニスム》の方法である。この対立は、いまもなおぼくの中に残りつづけている。

一橋の院生が批判精神を燃えあがらせたのが梅棹忠夫の『文明の生態史観』であった。議論のしかたがどのようであれ、あんなにむきになって論争した時代は、ぼくが教師になってからはないように思う。

阿部謹也について

阿部とは、それほど親しいわけではないが、いま思い出の糸をたどってみると、全く親しくないとも言えない。かれはいつも時間がないと言いながら、出てきては、自分の研究状況をめんめんと話した。なぜ忙しいかと言えば、金持ちの子どもたちの家庭教師にやとわれていたからであった。

かれは、それら上流家庭の暮らしについて、いろいろとめずらしい話をして感心させてくれた。たとえばティッシュペーパーというものについてだった。ぼくもふーんとひどく感心して聞いていたが、これは数年たつと、ぼくたちにもめずらしくない日用の品となった。それよりも、かれが出かけていく良家のトイレは、手を洗うたびに、いちいち新しいタオルを使うのだと話した。その頃は、たしかに普通の家庭にはない習慣だった。

阿部にはおもしろいところがあって、ある時、新宿のアルサロというところに行った時、ぼくの傍らに座った女の子と、ぼくの二人の前にハンカチをひろげて、二人でキスをしろ、こうしてかくしてやるからといったようなたわむれをやった。アルサロとはアルバイト・サロンの省略形で、女子大生がアルバイトでやっている、気安く入れるくつろいだ喫茶店というふれこみだった。

また、気前のいいところもあって、かれの住んでいる武蔵関のあたりに、中学時代の友だちが寿司屋をやっているから、あいつにおごらせようと言ってぼくをさそい、たくさん食べさせ、飲ませた。そうして疲れたと言うと、かれが母親と二人で住んでいるという、二間ほどの家につれていった。

母上は、ぼくにいくつもリンゴをむいて食べさせ、ぼくは酔いざましにと、片っぱしから口に入れた。まもなくすると猛烈な吐き気におそわれ、洗面器を持ってきてくださいとたのんだ。ぼくは、せっかく腹に入れたリンゴのほとんどすべてをその洗面器に出してしまった。恥じ入ってると母上は、ぼくにむかって、「まあ白雪姫みたいね」とおっしゃったので、ぼくは救われた。ぼくは、ああ、こんなにいいお母さんがいるから、阿部は学問するようになったんだと思ったものである。

この話を、後に安丸良夫にしたところ、そのお母さんはどっちのお母さんだい。阿部のお母さんは二人いるんだよと聞いてきた。ぼくはどっちでもいいじゃないかと答えたが、安丸は妙なことに関心があるんだなあと思った。

ぼくがその白雪姫を演じた一部始終を見ていたのが、後に岩波書店に入って、大航海時代叢書の大企画を実現した石原保徳だった。阿部は、石原のやつぼくの妹にほれているんだよ、一六歳だったから無理なんだよ。アメリカに行っちゃったけど、と話した。

ぼくが院を出て、最初の勤め先である東京外語を去って岡山大学に行った頃、阿部はその頃いた小樽からほんとにたびたび、岡山に電話してきた。東京を離れた者同士の共感があったのだろう。阿部謹也を全体として評すればひがみっぽい男だった。それを表さざるを得なかったのは、かれの率直さのなせるわざであった。

阿部が一橋大学に移ってからは、あんな阿部ゼミにはいられませんと、ぼくのゼミに逃げてきた学生がいた。ゼミでは、皆の前でいきなり、自分のこれまでの人生を、全部話しなさいと脅迫されるのに耐えられなかったんですとかれは語った。

八王子六中で聞いた呉茂一先生の話

大学院に入っても、かんじんの言語学担当の亀井先生が不在なので、ぼくはロシア文学の金子幸彦ゼミのお世話になった。規定のゼミの時間のみならず、この先生には、ずいぶんめいわくをかけた。ちょうど吉祥寺に下宿したものだから、井の頭公園の池を突っ切って、丘をのぼると先生のお家だった。日曜日には、申しわけないことに昼前からおじゃまして、奥様が出してくださる軽食をいただき、夕方までお話をして過ごすことさえあった。ぼくは、教師になってから、あんなに学生とていねいにつきあったことはない。

金子ゼミに集まった人たちは、多士済々でおもしろかった。とりわけ、中村喜和《よしかず》氏には、中学の英語非常勤講師のしごとを見つけるなど親切にしてもらった。当時、一時間一六〇円くらいで、まず八王子六中につとめた。校長はほんとにいい人で、ぼくがやめたいと言っても、なかなか手放してもらえず、何年もつとめることになった。

ここでは先生仲間たちもよくしてくれて、ぼくはまるで常勤教師と同じようにしてつきあった。その先生たちの一人に、日大理学部の学生だったとき、鵠沼の呉茂一という有名な先生の家の書生をやっていたという人がいた。かれは、その先生が、ギリシア語やラテン語の西洋古典学の有名な先生だということは知らなかった。そのことをかれに説明すると、そうだったんですかと、かれの方が心底から驚いたようなのである。それで、かれの口から出た、明治を思わせる、この「書生」という身分から説明しよう。

呉家には書生が六人いて、それぞれに仕事の分担があって、かれのは、犬の洗濯だった。せっかく石鹸を塗ってやっても、ぶるっと一ふるいすると、塗ったものが飛び散ってしまうから、また同じことをやる。そして今度は水をかけて、タワシでもって磨くと、またぶるっと。だから洗う人は、素っ裸にならないとやれない。それは書生一人を十分に必要とする職場だと言った。もう少し楽なのが、先生の靴の管理をする役割だが、これが楽に思えて楽でない。靴は呉先生がオックスフォード留学中になじみになったロンドンの靴屋への特注品で、先生がお脱ぎになると、それを磨きあげることはもちろん、中にきちんと入れる枠のようなものがあって、それで型をくずさないようにするのだと言っていた。これが二人目の書生の役割である。あと四人の書生のしごとをかれは説明しなかったが、たぶん庭掃きとか、風呂たきとか、家内の掃除とかあったのだろう。

先生が六人の書生を養っておられたのは、たぶんこのようにして、かれらの生活を助ける目的もあったのではないかと思う。

先生の家には、たぶん東大での教え子たちが大挙して押しかけた。すると、二階には、将棋盤、碁盤がそれぞれ二〇組ずつほど置いてあって、それぞれ皆でやって、最後に勝ったやつが決まったら、私に知らせなさい、それまで私は仕事をするからと、書斎に入ってしまわれるとのことであった。

それで、勝者が決まって、その旨報告に行くと、先生は、その学生を相手に、どれどれと座って、みるみるうちに勝ってしまわれるとのことだった。

学生が少なくて、碁、将棋をやれないときは、女房が琴を弾くから、しばらくそれを聞いていてくれと、奥さんにまかせられることもあった。その奥さんは四番目だったということだ。

八王子六中の理科の、呉家で犬洗いをやっていた先生は、日大の学生だったとき、数学の宿題をやっていて、できなくて困っていると、呉先生は何やってんだ、ちょっと持ってこいと言って、宿題の問題を見てから、こうなるんだと、さっさと解答を書いてくれたという。

ここまでの話だけで、もうぼくを感嘆させるに十分なのだが、きわめつきは、呉先生が株の名手であり、また骨董取引で莫大な利益を得ていたことだ。やはり骨董鑑定でかなりかせぎを得ていたのは、外語の紛争時に知りあった安東次男氏だ。そのことはここでは述べまい。骨董取引の名手とは、たとえば畑の中から、泥まみれのうす汚れた壺なんぞを掘り出してきて、あるいはどこか農家の土蔵の片隅にあって、二〇〇円くらいで手に入れた焼き物を六〇万円とか、平気で値をつけてぼろもうけする人のことだ。

ぼくは岡山大学でよく研究室に遊びに行ってはじゃまをした、考古学の近藤義郎教授に、考古学とは、その辺の石ころを何百万円にでもできる学問ですねと言ったことがある。近藤さんは、どうしてあんたは江実《ごうみのる》さんとそっくり同じようなことを言うのかふしぎだねと言われたことがある。もう骨董の話は、ひがみっぽくなるからやめよう。

八王子六中で呉先生のこの話を聞いてから、ぼくのギリシア語学者についてのイメージがはるかに豊かになった。

呉先生のギリシア語の授業

大学院で選んだギリシア語の読み物はソクラテスの『アポロギア』――つまり『弁明』だった。高校時代、クリトンこと中村先生が、ぼくらの心に徹底的に刻みつけた、あの『弁明』だ。高校におけるあの経験がなければ、この授業は受けなかっただろう。

出席者はわずか六名ほどだった。先生は教壇の前の椅子に腰かけて眠っていた。暑い夏の日だった。順番にあたった学生は、先生が眠っていると思って訳をやらずに黙っていた。先生は姿勢がよく、まるで眠れる胸像のように見えた。ところが先生は、全く眠っていなかった。「どうぞお次の方」と、眠ったままの像の口から、静かにことばが現れたのだった。

ぼくは、この『弁明』講読は受けられなくなってやめてしまった。しかし当時の一橋大学には、ギリシア語を読むこのような禁欲的な空間があったことはここで書き残しておきたい。

亀井先生、ケンブリッジより帰る

ぼくが一橋に入ったのは、決して亀井先生だけを求めて入ってきたのではない。金子幸彦や上原専禄だってぼくを受け入れてくれそうだったし、あまり困難はなさそうだった。それに比べて亀井孝の方は悪い評判の方が多かった。むしろ、この人が異常だと思わせるような話ばかりだった。論文はくせのある、こみ入った文章で書かれているので、読み通すのさえ難物だった。

特に評判が悪かったのは、かれが作る国語の入試問題だった。最もできのいい受験生でも三〇点ほどしか取れなかったという。これについては、後に先生ご自身からうかがったのであるが、あまりにもひどい問題ばかり出続けるというので、全国高校校長会の名で一橋の国語入試出題者は、大いに反省して、もっと正常な出題に改められよという抗議文が来た。そこで亀井先生はどうなさったのか、うかがったところ、田中、それは次の年の入試問題に使って、この文章を批判せよと出題したんだよとのお話だった。ご自身の話なのでほんとだと思うが、たしかめていない。

先生の入試問題作成はたいへんなもので、一〇か月も前から、これに熱中されていた。書斎の片隅に、胸の辺までの高さまで古文献が積んであるのを指さして、この中から出すんだよとおっしゃった。ぼくは印刷されたものの中からは出さないんだよと。

そして現代文は、ご自身が作られた文章を出題するんだよとおっしゃった。そうして、ニーチェを話題にしながら、目の見えない人と、目は見えないが耳の聞こえる人との比較のような文章を見せられたのだが、くわしくは読む気がしなかった。そして、ある年度に使った問題を、田中、解いてみろと渡されたので、とにかく答えてみると、なんだ君は二〇点もとれない、一橋のどの学生よりも劣ると、まったく容赦なしだ。

一橋をめざす受験生の間では、亀井先生が今年は外国に行って、いないから、今がチャンスだというような話がひろまっていたようだ。亀井先生はあまりにもの悪評に耐えかねて、とうとう、学習院に出かけていき、文学部長に頼み込んで梅谷（文夫）をもらってきたんだよというお話だった。梅谷さんは前歯が一本欠けているような感じを除けば、すべてが円満な方だった。このところから見ると、亀井先生は強がってはいるけれども、あれで、ずいぶん評判を気になさっているんだなということがわかった。こういう類の人は、気にすれば気にするほど、妙な行動に出てしまうもんだということを、自分にうつして考えてみると、よくわかるのである。

亀井先生の入試問題の不評は評価の定まったものだと思っていたが、それとは反対に高い評価があることを知った。京都のロシア・レストラン、キエフの主人である加藤幹雄さんが、二〇一六年六月に一橋大学で行った講演記録「一橋大学の歴史」の、「一九五七年一橋大学社会学部入学」の項には、次のように書かれている。「国語の入試問題（亀井孝先生の出題）に感激。こういう問題で落とされるなら本望だと思ったが、さいわい合格」と。このような学生もいたことを、あの世の亀井先生にお伝えしたい。ちなみに加藤幹雄さんはあの歌手、登紀子さんのお兄さんだ。

亀井先生との最初の顔あわせ

ぼくは、先生が帰国されて最初にお会いしたときのことは忘れようにも忘れられない。こわい、変わった先生とはじめて会うというので、こちこちになって、まず国立の研究室でお会いした。それから昼に何を食べようかということになり、ぼくはすなおに「カツ丼を」と言ったのだ。当時国立駅周辺には、銀行などというものは一軒もなく、いつも学生たちが行く「三笑食堂」にはほこりにまみれたカツ丼の見本が並んでいるのが通りから見えたので、あれならすぐに食べられると思ったから、すなおにそう答えたのだ。すると、「何だって、カツ丼だって？　そんなものを君は食べるのかい」とあからさまに軽蔑されたのである。それでしょうがなくて、小さなすし屋に入った。それは、ほんとに小さくて、脚のガタガタする四角いテーブルが二つくらいという規模だった。

その一つに先生とぼくが二人ですわると、先生の向かい側に、どこの大学生かわからない油を塗りたくった角帽をかぶったのが一人すわった。当時、角帽にてかてかと油を塗るというヘンな風習があり、この油を塗っているだけで、ぼくには困った学生だという感じがしていた。すしが出てきて、少し食べたところで、様子が変だと思って顔をあげてみると、先生とその角帽は無言でにらみ合っていた。

まず口を開いたのは先生だった。「君、おれの顔がそんなにおかしいか、何かついてるかい」とすでにけんか腰だ。すると角帽は、何だ、お前こそおれの顔をじろじろ見てるじゃないかとどなった。そうして学生は席を立って店を出ていった。

　ぼくはしんからあきれてしまった。これじゃまるでやくざのけんかじゃないか。その上、学生も学生だが、こういうことを、大人が最初に口を切っちゃいけないのに、何という人だと思った。しかし、ずっと後になって、なぜこうなったか、十分納得のいくできごとがあった。

　先生のご長男は、あきら君という子どもだった。お家に行くと、はいはいしながら玄関に出てくるくらいの子どもだった。このあきら君に向かって、奥様は、「あきら君、おいたをするとパパさんのように、なが－いお顔になりますよ」と叱っていらしたのを目撃したのである。ああこれだとわかったのである。先生はたしかに面長で、見る人が見ればそこに気品があるのだが、奥様の基準から見ると長すぎたのである。だから、角帽と目が合ったときに、相手がそう思うかどうかにかかわらず、先生は自分の顔の長さに相手が注目しているととってしまわれたにちがいない。

　そういうことは後でわかって合点がいったのであるが、はじめてのときに、そんな洞察力がぼくから生まれるはずはない。

　で、学生が立ち去った後、先生は酒を注文された。差されるがままに、ぼくは何杯も飲んだ。六、七本も徳利を空けたと思う。そしたら突然気持ちが悪くなった。これはまずいと、トイレに行くつもりで立ち上がったとたん、ぼくの口からすしと酒の混合物が一挙に噴出して、先生のりっぱな背広の胸あたりを直撃してしまったのである。こういうのを「目も当てられない」と言うのであろう。

　先生の長い顔のひたいからこめかみにかけて青筋が立った。「いけねえ、飲みなれないやつに飲ますんじゃなかった」とハンケチで胸のあたりの吐瀉物《としゃぶつ》を拭《ぬぐ》って立ち去っていかれた。その後、ぼくはどうしたかおぼえていない。――先生との出会いはこのような目も当てられない悲劇として終わったのである。

先生との授業

こんなひどいはじまりながら、一対一の授業は何とか続いたのである。はじめは、研究室で、あるドイツ語の論文を読むことからはじまったのであるが、ぼくが数行音読しはじめると、だめだ、もうやめようということになり、次からはフランス語のものを読むことにして別れた。その時、阿部謹也はよくできるそうだよ。かれはドイツが専門だから当然だけどね、とおっしゃった。その時、阿部はできる学生という評判が全学にとどろいていることを知った。そして教師というものは、そのような学生を持っていることを、自慢したいのだなということもわかった。

ゼミナールは東中野の先生のお家でやることになった。それは、広い庭に古びた広壮な二階屋で、庭に一本泰山木《たいさんぼく》がしっかりと白い花を咲かせていた。もとは和辻哲郎のものだったのを、先生の父上、高孝氏が譲りうけたのだそうだ。私たちの勉強場はその二階で、かつて、和辻、安倍能成、お父上の三人がここで哲学談義に花を咲かせ、先生は、子どもの頃から、ヴィンデルバントがどうのだのの話を聞いて育ったとのことであった。

約束どおり朝一一時頃にうかがうと、奥から、何だって？　田中だって？　と声が聞こえ、やがて先生が現れ、「おれはそんな約束したおぼえはない。仕事がある。帰ってくれ」という返事だ。するると奥さんが現れて、「パパさん、何をおっしゃっているの、田中さんがいらっしゃるって、あんなに楽しみにしていらしたのに、田中さん、まあまあ、パパさんはほんとはうれしいのよ。かまわず上がってください」ということで、二階に案内される。

こういうのが繰り返されると、こっちも、またかという気になって、わかりました、もう二度と来ませんからねと帰るふりをすると、また奥さんに引きもどされる。

ぼくには、「帰れ」という先生の気持ちはよくわかる。きっと朝まで、何か書いておられたはずだ。せっかく一眠りしたところに、授業だなんていやなことは、ほんとによくわかる。しかし、率直だなどとは言えない。教師として自制心がなさすぎる。先生とぼくとの関係は恵美子夫人のとりなしがなければ続かなかったと思う。

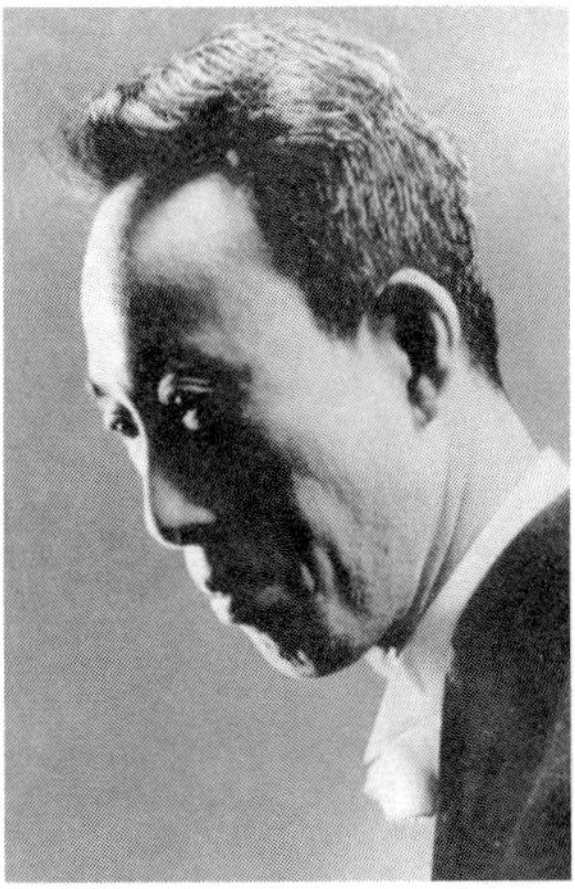
亀井孝先生のながーい顔

ぼくのドイツ語がだめだとわかってからは、シャルル・バイイの『一般言語学とフランス言語学』を読んだ。小林英夫の訳が出る前だから、ぼくはたまたま持っていた、ヴェンツェリ夫妻のロシア語版を参照した。一九五五年にモスクワで出たもので、これを一九五六年、東京外語四年生のときに買っておいたものだ。

しかし、買ってはおいたが、こんなものをまさか読もうとは思わなかった。バイイはソシュールの直弟子で、しかもジュネーヴ大学でソシュールのあとを継いだ人だ。だが、ソシュールの切れ味のよさはかけらも感じさせない、にぶく、ぼやっとした本だ

と思った。その頃はやりの記述言語学のようにすっきりしたものではなかった。何でいまさら、こんなやぼったいものを読まされるんだと思いながら、つきあったが、これがその後のぼくにとって、ほんとに滋養になった。

あとで先生に、何でバイイなんか読まされるんだとへんに思ってましたよと言ったところ、先生は、そんなことはわかっていたよ、君があまりにも服部式なんでね、ちょっと別の水を飲ませてやろうと思ったんだよ……といったようなお話だった。

ずっと後になって、「ぼくは君をだめにしたかもしれないよ。角を矯《た》めて牛を殺すと言うからね」と二、三度口にされたことがあった。ぼくも、そうかもしれないと思ったこともあったが、その後、エウジェニオ・コセリウに導かれる道の入口だったのだ。

「帰れ、帰ってくれ」ではじまった授業だったが、夜中の一一時も過ぎ、国立への終電に間に合わず、電車は武蔵小金井止まりになってしまい、そこからタクシーで国立に帰るというようなことが何度もあった。

このゼミの一部分には中村喜和が加わったこともあり、先生は中村には、そんなやんちゃは言われなかった。かれはきちんとした人であったから、先生も、きちんとした対応をされたのである。

「ラ・クンパルシータ」

やがて——といってもかなりの時間がかかったが——先生と気心が知れた仲になってくるともう二階にはのぼらず、玄関を入ったすぐ右側にある台所兼食堂のようなところで勉強をするようになった。奥様が、午後のおやつと夕食を持って、二階まで運ばれるのは大変だったからである。その台所兼食堂は、決して来客には見せてはならぬようなところだった。少なくとも、ぼくだったらそうだ。畳は毛羽だって芝生が生えているような感じになっていて、ぼくもいろんな人の家を見たが、あんなのははじめてだった。来客を入れるにはよほどの勇気がいるはずの光景だった。

その芝生だたみの部屋で交わされる話も法外なものだった。先生はいきなり「恵美子、今日はほっぺたが赤いな。「ほほさき女はくさし」と書いた本がある。ほっぺたの赤い女はあそこがくさいんだって」。しかし奥さんはまったく慣れていらしたらしく、にやにやしておしまいだ。しかしある時、先生は奥さんを前にして「田中、前の女房は、いい女だったんだよ。ピアノもうまかったし」。何ということだ。しかし、奥さんは先生より数等上だった。「でもね、パパさん、結局逃げられてしまったのよね。だめじゃないの」。すごいなあと思った。ぼくは心の中で奥さんに拍手を送ったのである。その逃げた最初の奥さんについては鈴木孝夫さんから話を聞いた。先生の一種の純朴さを伝えている点でもとてもおもしろい話だが、中途はんぱになっては残念なので、次の機会にゆずることにする。

やはりその部屋でのことだ。何かの拍子に、ダンスができるかどうかの話になった。タンゴはどうですかと、ぼくが「ラ・クンパルシータ」のメロディーを歌うと、先生はすぐに立ち上がってステップを踏む。すると、すぐに奥さんも立ち上がって二人はそのたたみの芝生の上で「ラ・クンパルシータ」を踊ったのである。あっけにとられた。ぼくは先生にはかなわないと、心の中でかぶとを脱いだ。奥さんは先生が亡くなられたあと、赤い靴を持って国立に来られ、田中さんと踊りたくなったのよと言って、ぼくとダンスを踊ってくださった。もう足がおぼつかないというので、次女の桜ちゃんが付き添ってきた。あれが、奥さんとの最後の別れとなった。

ドイツへの留学ばなし

大学院の課程が最後に近づいた一九六一、二年頃、ドイツからモンゴル文献学の大家、ワルター・ハイシヒ教授が、夏休みになると毎年日本にやってきた。東洋文庫をはじめ、日本各地に所蔵されるモンゴル語の文献の調査のためであった。

そのハイシヒにぜひ会いに行くようすすめられたのが村山七郎氏であった。村山さんの経歴はよくわからないし、そういうことをぼくには例によって調べる気がないのだが、一説によると、どこかの大学生であったのを放校され、日本の大学での研究の道を断たれたというのである。だから先生の学問は、ベルリンだかで行われたようである。スラヴ学もモンゴル学も学ばれたらしい。ご著書と論文からはひろくアルタイ諸語への関心がうかがわれる。のちにぼくがボン大学でスラヴ学のゼミナールにも加わり、ヴォルトナー女史の「古代教会スラヴ語」の演習にも出ていると村山先生に告げたところ、彼女は、有名な、ロシア語語源辞典を書いたマックス・ファスマーのお弟子さんで、知り合いだとお話しになったから、そこで一緒にロシア語などを学んでおられたのであろう。

一九六〇年代頃、村山さんは、とにかく、順天堂大学でドイツ語とラテン語を教えておられた。そして、ぼくをドイツへ送り込みたいという強い気持ちを持っておられた。その圧力をひしひしと感じた。ドイツよりはソ連に行きたかったのだが、まあ、ドイツの学問にふれておくのも悪くはないと思うようにした。

こうしてぼくは村山先生の指示にしたがって早稲田大学の宿舎に滞在していた、ワルター・ハイシヒに会いに行って知り合いになった。あなたの論文も見た。フンボルト財団に推薦状を書いてあげたいが忙しいので、帰りの船から郵便で送るということであった。当時、ジュセッペ・トゥッチというイタリアのチベット学者、フォスコ・マライーニという日本学者など、みな、日本に来る船の中で勉強し、かつ休養するのがならいであったらしい。ハイシヒもまたその流儀であった。

香港だか、途中寄港したどこかから、うすい便箋の両面にわたってびっしりとタイプした推薦状が来た。その推薦状が、ぼくをドイツに送り出したのである。

その推薦状とともに、ぼくは自分の履歴や研究目的をドイツ語で書かねばならなくなった。それで、自分で作った書類を持って、幡ヶ谷《はたがや》にあった村山先生のお宅をたずねた。その時先生はピアノに向かっておられた。弾いておられるところは見たことはないが、田中君、言語学者は音楽を知らねばならないよと言われたのを印象ぶかくおぼえている。

村山さんはぼくの書いた書類をドイツ語に翻訳してくださった。ドイツ語の必要な単語をしらべるのに、ロシア゠ドイツ語辞典を使って、ロシア語から必要なドイツ語を求められるのにはびっくりした。村山さんは、どちらの言語も同じようにできるのだと感心した。

ぼくも今では、ロシアへ行くにも、ランゲンシャイトの独露、露独辞典を持っていく。近代ロシア語はドイツ語の強い影響のもとに形成されたので、和露辞典でロシア語をさがすよりは、ドイツ語からの方がはるかにうまくいくので、ぼくも今では村山流になっている。では村山さんは、なぜぼくをこんなにドイツに行かせたかったのか。その理由をぼくは次のように推定している。

当時、東大言語学科の服部四郎は、日本全土の言語学の流れを決定していた。正確に言えば、服部さんが決定しようとしたのではなく、まわりがそれをまねしただけのことかもしれない。戦後すぐにミシガン大学に留学されて、アメリカの記述言語学を体得してこられたので、日本には一斉にその流れがひろまった。ぼくも間接的にその影響下にあった。しかし服部さんがアメリカの流行に乗って記述言語学にとりつかれたと考えるのは誤りであって、それ以前に自ら記述言語学者であったことは、満洲国西部のホロンボイルのモンゴル語、すなわちバルガ方言などについてお書きになっているものを見ると、根っからの記述学者であることがよくわかる。服部さんについては次のように聞いている。はじめ、東大の英文科に入られたのだが、こんなものは科学じゃないと、憤然として言語学に移られたのだという。味わいはないかもしれないが、これこそまがうことのない言語学者である。

京都の言語学を代表しておられた泉井《いずい》久之助氏の方は、それに比べれば、ヨーロッパ言語学の伝統を深く身につけたフィロローゲであり、より重厚だったのだが、当時の若い学生には、アメリカの記述言語学の方が、より明快でサイエンスに近く、新鮮に感じられたのである。

村山さんは、服部流のモダンな言語学ではなく、ぼくをヨーロッパの古典的な言語学にふれさせ、そういう伝統の中で成長してきたモンゴル研究に引き込みたかったのであろう。

亀井先生の大活躍

フンボルト財団は応募者について三通の推薦状を要求していた。ハイシヒ、村山のほかにもう一通が必要であった。で、この件を亀井先生にお話しすると、よし、ぼくが書いてやろう。だけど相手がドイツ人だからなあ、ドイツ語で書くのはいやだ、フランス語で書くよということで、フランス語の推薦状をいただいた。先生は気取り屋だから、そのお気持ちはよくわかる。あれほどのドイツ語好きだから、なみの文章では気がすまなかったのである。

ぼくをドイツに送り出したいという亀井先生のお気持ちは、村山さんのそれに劣るものではなく、むしろそれを越えていた。先生のフランス語の推薦状を一橋社会学部の事務室の染谷さんという女性のところに持っていってタイプしてもらった。あとでわかったことだが、染谷さんのもとの夫は工藤充さんという人で、別れて羽田澄子さんと結婚された。そして、終生羽田さんの映画作りに献身されたのである。タイプライティングでお世話になった染谷さんに、その後三〇年ほどたってから、たまたま工藤さんの話をしたところ、私の夫だった人よ、あの人のことを悪く言ったら承知しないわよと、ひどく叱られたから、このようなことがわかったのである。どうして悪く言えようか。工藤さんには、モンゴル映画の日本への導入で、ほんとにお世話になったからである。

いまでは、留学先にドイツを選ぶ人は減っているらしいが、一九五〇年代、六〇年代はたいへんな人気だった。どうやら、日本からの応募者はドイツが予定しているのをはるかに超えていたらしく、日本での選考委員会のようなところで、まずしぼった上で、ドイツに推薦していたらしい。

その委員会のかしらが相良守峯《さがらもりお》という東大独文科の先生らしいということで、亀井先生はそこに電話をかけられたらしい。そうしたら、いまちょうどその候補の選考をしているところだと相良さんは答えたらしい。フンボルトの給費生になれる人は、ドイツ語の先生は少なくて、たいていは医学部だとか、法学部だったということだ。ドイツ語の先生を呼んだって、ドイツにはあまり利益がなかったのだろう。そこへモンゴル学者が応募するというのは、たぶん前代未聞のことだから、まず関門の日本の委員会ではねられてはいかんと亀井先生は判断されたらしい。しかし、ほんとうはその逆で、ぼくはめずらしい例として、ドイツ側からも注目されていたようだ。ハイシヒさんの推薦状にも、この男は、将来、ドイツと日本の学問のカピタル（資本）になる男だと書かれていたので、まともな選考委員会なら、断ることのできない応募者だったのだ。事実、フンボルト財団の歴史に残る、モンゴル学専攻の応募者としてははじめてだった。

東京大学の相良守峯さんからも、日本委員会は承認したとの知らせとともに、あなたは多大の期待をかけられているのだから、しっかり勉強してきてくださいというお便りをいただいた。そして一九六三年度の給費生に決定した。

ところが、この同じ年、六三年度から、東京外語教授会は、ぼくをモンゴル語学科の専任講師に採用することに決めた。フンボルトでドイツに留学することになっていると言うと、どちらかをあきらめなさいという指示をしてきたのは小沢重男先生だった。ぼくは、誰にも相談することなく、即座に、両方ともあきらめませんと返事した。ぼくを強気にさせたのは、村山七郎先生の強気が乗り移っていたからだった。

村山先生は、会えば必ず、田中君、このテーマで論文を書きなさいとすすめられた。それはすでに書いたことですとお答えすると、「田中君、よく聞きなさい。レーニンは正しいことは何度でも書けと言っています。だからあなたは書くべきです」といった調子である。先生は、学生運動か何かのおりに、ソ連だか、コムニスト関係の事件で痛い目にあったとどこかから聞いていたし、雑誌などでたびたび反ソ的なことを書かれていたのだが、ぼくが親ソ的なことに気づかれていて、レーニンまで引用して、ぼくを激励されるのに感動した。レーニンがそんなことを言ったかどうかはわからない。これは、先生がレーニンの名を使ってぼく用に製造されたことばだとぼくは受け取ったのである。

村山先生はアルタイストとしてはコンパラティ（ヴィ）スト、つまり比較学者だった。それは、アルタイ語として知られるモンゴル語、トルコ語、ツングース語など数多くの言語から、同じ起源にさかのぼると推定される単語や文法要素を集めて比較することだった。

その仕事は、関心があるけれども、ぼくの性には合っていなかった。その点では結果としては村山先生の期待に沿うことはできなかった。しかし、これから残された時間の許すかぎり、先生とは異なった方法と異なった見通しのもと、アルタイ諸語についてのぼくの考えを発表したいものと準備しているところである。

さて、外語かフンボルトかと二者択一をせまられて困っているうちに、フンボルト財団は、ぼくにとってはまことにありがたいことに、ぼくを一年待たせて、翌六四年から留学するように決定したと通知してきた。理由は、あなたはまだ若すぎる、五〇歳になっても、まだ順番待ちで留学できない教授たちがいるんだから、もう一年待ちなさい。あなたはまだ二〇代ではないか、というものだった。しかしぼくには、フンボルト財団からの延期通知は表向きの理由で、ほんとは、ぼくのドイツ語がひどいことがばれてしまったから、もう少し勉強をさせてからという配慮からではないかと、今でも思っている。

ある時大使館に呼び出されて、ドイツ語で簡単な口頭試問を受けた。出頭に先立って、村山先生がぼくに模擬試験をされた。そうして、こう質問されたら、こう答えなさいと、嚙んで含めるように教え込まれた。

それにもかかわらず、口頭試問はさんたんたるものだった。村山先生は大使館の外で待っておられて、その試験官とぼくと三人で電車の駅まで一緒だった。その試験官にぼくはロシア語で別れのあいさつをしたところ、かれはそれを理解した。

ややあって、大使館から、ゲーテ・インスティトゥート（当時は飯田橋だかにあった）に通うよう指示された。この一年間にとにかくドイツ語を勉強してくださいと。ゲーテ・インスティトゥートでの勉強はほんとによかった。

もっとよかったのは、これで、採用された東京外語で一年間モンゴル語の授業をするという義理が果たせたことだった。

大学に採用されたのはいいとして、すぐそのまま留学してしまうのがなぜ具合が悪いかと言えば、あとに残された坂本、小沢両先生の教員スタッフが、新任教師のぼくの担当授業を、そのまま引き受けねばならなくなり、負担が増えるからである。だから、フンボルト財団がぼくに、一年遅らせて出発するようにしてくれたのはほんとに願ってもない好都合だったのだ。

とくに外語のような、訓練を毎日続けなければならない語学中心の学校ではとりわけそうだった。この一年間の授業を経験したおかげで、自身の研究のみならず、モンゴル学を教える上で、何が必要か、何を学んでこなければならないかも、はっきりとしてきたのである。

ボン大学の留学は一年の予定だったけれども、結局は二年にわたることになった。だから、出発を一年止めおかれたことは、ますます、休講の申し訳にとっても大きな意味があったのである。

第三章　海外へ

東京外語への就職

亀井孝の弟子だからダメだと

就職は大学にしかしたことがないから、その際の手続きなど、一般の会社などの場合とどのようにちがうのか、あるいは、そうちがいはないのか、わからない。しかし、会社などよりは、より閉鎖的なのではないかと思う。大学では、新しく教員を募集するときは、教授会の中に人事委員会が作られる。委員には、専門科目の提案者のほかに関連科目や、より一般的な教科を担当する人も加わるだろう。

ぼくの東京外語への就職は、モンゴル語学科だから、モンゴル学の担当教師が入るほか、言語学担当の教師たちが委員会に入ることはまちがいない。そして審査の経過は秘密ということになっている。人事委員会や教授会の内容はもちろん秘密ということになっているが、そうでなくても、そんなことをしゃべってまわることは品のないことだと考えられている。また、ぼく自身も、どんなふうに人事はすすんだのですか、などとあらためて聞くには自負心がありすぎた。

しかし人事委員会に加わった先生のほうが、審査される本人（採用候補者）よりはずっと夢中になってしまうことが多いので、そういう人が、黙っていられなくなって、しゃべって、外にもれてしまうことが多い。

ぼくのばあい、いろいろとぼくの採用人事の舞台裏を教えてくださったのは言語学の徳永康元先生だった。卒業論文も、モンゴル語の先生ではなくて徳永先生に提出したので、モンゴル語科の先生にはよく思われていないかもしれないとひそかに心配していたけれども、その心配は無用だった。

徳永先生は、いつも静かに話をされる、激しい話題は好まれない方だったが、その方がめずらしく、ぼくの人事で生じたできごとを、かなり後になってから話された。

――金田一君（春彦氏のこと）がね、この田中って人の先生は誰ですかと聞いたんだよ。それで亀井孝だと推薦者が答えたところ、即座に、「それじゃだめです」と言ったんだよ……。

徳永先生は、金田一春彦のことが悪いやつだとぼくに話されたわけではないことはぼくにはすぐわかる。徳永先生は、人のことを悪いやつだと思わせるような話をする方ではありえない。ただ、亀井孝と金田一春彦は学問的気質が全く異なるから相性がいいはずはなく、さらに大野晋がここに加わると、もっと始末が悪い。俗っぽい話になるが、この三人は、いずれも、国語学者で、みな、東京大学の国語学の教授になって、学界トップの座をきわめたかったにちがいない。しかし三人ともにそうはいかなかった。ぼくが思うに、みなが有能ではなばなしい活躍をしたからにちがいない。ところで徳永先生は、亀井先生とは親しくしておられたという事情は知っておいていいだろう。亀井先生は、金田一さんのことをあまりよくは言わなかったが、かれのアクセントの研究はいいよとおっしゃったことがあった。この一言は、ぼくに金田一さんを尊敬する気持ちを起こさせた。亀井先生がほめるんだものね。

亀井先生は大野さんのことを積極的にほめたことは一度もなかった。むしろ、こきおろすことはあった。しかしぼく自身は大野さんのことが好きだった。何よりもあの率直さがいい。ときにはそれがむき出しになる。そうなればなるほど、ぼくは大野さんが好きになる。

亀井先生が亡くなられて、しばらくたってから、大野さんがぼくに電話をしてこられた。——田中君、亀井君が死んだんだから、あなたは自由になったんだ。もうぼくのことも気兼ねなくほめてもいいんだよ、これからは。

ぼくはこういう電話にはほんとに困る。こんな率直さには意表をつかれる。「はあ」と答えることしかできない。

大野さんは、羨ましくなるような、わかりやすい、いい本をたくさん書かれた。でも、いろいろつらい思いをされたんだろうなと想像ができる。学者の同業者同士の競争心はつらいものだな、とりわけ国語学のように、最も大衆化しやすい学問のばあいは。

この三人に器用さという点で順位をつければ、金田一、大野、亀井となろう。亀井先生が何につけても、最もへたくそなことは争う余地がない。このことは亀井先生ご自身が認めておられた。ある時、うちの家族はみんなダメなんだ。猫でさえも、木から落ちて首の骨折っちゃったんだからね。——猫が首の骨を折るなんて、ほんとかどうかわからないが、全く大まじめに話されたのだから、あきれてしまった。たしかに亀井家一族の不器用さを説明するにはこれを越えるものはない。首を折ったという猫にはすまないけれども。

はじめての教授会出席

教授会は学生の入学と卒業、教員人事、その他、大学の重要問題を議論し、決定する場である――もっと正確に書こうとすれば、それぞれの大学の規約（学則）が、教授会をどう規定しているかを見るべきなのだが、面倒なのでこの程度にしておく。問題はそのメンバーで、名称どおりに、教授以上をもって組織すると決めている大学もある。岡山大学では、格式が高く、専任講師や助手は、数には入っていなかったように思う。説明しておくと、教授、助教授、専任講師、助手の順に地位が低くなるが、東京外語のように規模の小さな大学では、助手を含む、すべての常勤教師が出席していた。そして、普通は助手からつとめてたたきあげて専任講師になるのだが、ぼくは、大学院を出ているというので、いきなり専任講師になったらしいのである。

教授会では、会議の場ではどの順に、どの席に座らなければならないという、席順が決まっていないのが大変いい。東京外語では、教授会の部屋に入ったとたん、入口に近いところに座っていた見知らぬ先生が、「君か、君はこっちに来い。おれのそばだ」と、横の席に招いて、無理やりにといった調子で座らせた。

ぼくは、この人は一度も見たことがないので、ためらったが、別にどこに座るというあてもなかったから、言われるままにそこに座った。顔はにこにこ笑っていて、なぜか好意に満ちていたけれども、服装は背広ではなく、色も仕立ても、よれよれの作業服のように見えた。

このような服装をしていたのは、この人以外では、後にも先にも、イタリアの有名な日本学者、フォスコ・マライーニさんだけだ。一九八九年九月、ロンドンで日本学の国際会議があったとき、ぼくが演壇に立ってしゃべった後に、ぼくに近づいてきて、「フォスコ・マライーニです」と、名刺を出された。

ぼくは、この著名な人の名を告げられてびっくりし、その姿をさっと見たところ、よれよれの作業服としか言いようのないものを着ていた。しばらく前、南イタリアの海岸を車で走っていたとき出会った一団の兵隊さんの着ていた服そっくりだった。ぼくは、それだけで何といい人だと思ってしまった。二人で写真におさまると、写真を送ってくださいねと言われたのに、そうしなかった。それから何年もたってから、マライーニさんが亡くなったと日本の新聞にも出た。悔やんだがしょうがない。名刺はそのまま残っていて、捨てる気にならない。

ぼくが言われるままにそばに座った人は、あとで人にたずねてみたところ、会田由という、『ドン・キホーテ』の訳者として有名な先生だということだ。『ドン・キホーテ』は、ぼくがめずらしく愛読した本だが、これは岩波文庫だった。会田さんの訳は筑摩書房から出ていて、これを読むべきだと多くの人はすすめたが、ぼくはまだ読んでいない。

ところで、このよれよれ作業服を着た人は、議長席の学長が何か言うたびに、「あいつ、ちゃんと知ってやがったな」とか、「バカなことを言うな」とか、たえまなくつぶやきながら、時々大声でやじをとばす始末である。ぼくは、これは困った人のそばに座ったもんだ、こんな乱暴な人と同類に見られるのはいやだと思ったものである。

ネクタイ事件

教授会の終わりに、ぼくは新任としてあいさつをさせられた。一年つとめたあと、ドイツに行くことになっているという引け目があったから、ぼくはずいぶんとおとなしく、下手に出たつもりのあいさつをして、その場は終わった。

ところが研究室にもどると、いきなり、ぼくの上司にあたる小沢先生から電話がかかってきた。あいつはなまいきだ、態度がなってない上に、第一、ネクタイも結んでない失礼なやつだと同僚から言われたらしい。ぼくも以前からその人たちの目つきが悪く、いやな人たちだと思っていた。次いで坂本先生からも。

で、ぼくは次の教授会で、「ぼくがネクタイをしないことで、皆さんを怒らせたようですが、ご存じのように、ネクタイはフランス語でクラワートと言います。これは、一七世紀にクロアチアの兵隊がパリに現れたときにつけていたからこの名でひろまったのだし、そもそもヨーロッパの服飾史の上でも新しい現象です。それなのに、高温多湿のこの日本で、こんなものを着用するのは無理があるから、ぼくはしないんです」と宣言したのである。

天下の外国語大学で、こんな俗っぽい「語源」説明をするのははずかしいことで申しわけないが、やむを得ないことだった。

会田先生の駆け落ち

ところで、ぼくが二年間のドイツ留学を終えて日本に帰ってきたところ、あのよれよれのイタリア兵のようなかっこうをした、会田先生の姿が見えなくなっていた。どうされたのだろうか。定年でやめられたのだろうか。

だいぶたってから、いや、数年前に、このことを話してくれたのは、スペイン語の原誠だった。

——手短に言ってしまうと、会田先生は、新宿の酒場のおねえさんと駆け落ちし、京都に行って、その旅先の宿で生涯を閉じられたということである。定年を直前にして、教授の職を捨て、家族をも捨てて、社会の底辺に近い、恋する女と駆け落ち！　こんなにも粋にドン・キホーテを地で演ずる、いな、実行する人を、ぼくはまだ聞いたことがない。

この話は、六〇にもなった初老の男の物語である以上、このように単純ではありようがないけれども、ぼくは、それ以上は聞こうとは思わない。あの、純な人だから、思いを遂げるためには少年のようなふるまいを、やりかねないとぼくは思ったのである。

この話をぼくに伝えた原誠は、まことに折り目正しい言語学者——スペイン語学者だが、この先生に心酔し、いたく尊敬していると吐露したことによって、日本の言語学もまだ、このようなロマンチックな空気に共感できる人を包容し得ているのだと、ぼくはほのぼのとした気持ちに包まれているのである。

一九六四年——はじめてのモスクワ

まずボンでビザを、次いでモスクワへ

ドイツへの留学の前に、モスクワで第七回国際人類学・民族学大会があって、ぼくはそこに出席する希望をモスクワの組織委員会に郵送し、ビザが来るのを待っていた。二か月待っても、何の音沙汰もなかった。ソビエト大使館に問い合わせても、何の情報もなかった。どうしたものか。ぼくは、モスクワを経由して、ドイツに行こうと思っていたのに。

その様子をずっと見ていた妻は、「ぐずぐず日本で待っていてもらちが明かない。まずドイツに行って、そこからソ連に行ったら」と提案した。彼女に何の目算もないのだが、困ったとき、迷ったときにはぼくは女の言うとおりにした方がいいと何となく思っていた。女には、ぼくの思いも寄らない直感力、決断力があると何となく感じていたからだった。

それで、まず羽田からボンに飛んだのである。南コースで、途中いくつもの空港に寄りながら、三日ほどかかったように思う。飛行機に乗るのははじめてだった。

当時は片道が二六万円くらいで、往復割引などというものはなく、この旅費は、ドイツとの約束で、日本の文部省が出してくれた。ぼくの月給が二万六〇〇〇円の頃の話である。

フランクフルト空港から鉄道でボンの駅に着き、駅前の公衆電話からハイシヒ教授に電話した。ハイシヒは、いまあなたが電話している場所から動いちゃだめだ、そこにじっとしていなさい、これから車で迎えに行くから、というふうにしてぼくはボンの人となった。

ハイシヒさんの差し金によってであろう。ぼくは内モンゴル出身のハルトードさんの家の居候となった。ハルトードさんとは、すでに東京で知り合っていた。東大の言語学研究室で知り合いにな

ったのである。かれはアメリカの大学から東大に移ってきたのだが、特別の地位はなく、服部四郎先生の私設講師のようにしてポケットマネーで暮らしていたようであった。

服部先生は奥さんが亡命タタール人で、イスタンブールにいる、その親類縁者一族の生活も支えておられたということで、人には見えない苦労をされたという噂を聞いた。そこにまたハルトードである。ハルトードの身柄もまた、アメリカのモンゴル学者たちから頼まれて引き受けられたのであろう。少数民族は、その志を貫こうとすれば、かれらを支配する国家から迫害を受けて、外国の各地を転々とせざるをえない。ハルトード氏は日本に来たけれども、身分が定まらず、困っていたところ、ハイシヒがボン大学で引き受けて、そこの専任講師になったのである。そしてぼくはその家に居候したのである。奥さんは、鴫原《しぎはら》洋子さんという日本人で、ここに二か月もお世話になっただろうか。

ボン大学には、ぼくよりちょっと前に、岡田英弘氏が、ドイツ学術振興会（ＤＦＧ）の研究員としてやってきていた。岡田さんは、ぼくがソ連に行こうとしていると知って、ぼくを車に乗せて、ボンからちょっと離れた、ライン河沿いの町、バード・ゴーデスベルクのローランツエックというところにあったソビエト大使館に連れていってくれた。岡田さんがぼくを自分の車に乗せてくれたのは、これが最初にして最後であった。その翌年、オランダでアルタイ学会（ＰＩＡＣ）があったとき、かれはぼくを車に乗せてくれなかった。かれには当時若い奥さんがいた。その奥さんはぼくを一目見て毛嫌いしてしまったらしく、あんな下品な人を、あなたは乗せるべきでないと言ったらしい。家柄のいい女だとかで、岡田さんはその若い妻の言いなりだった。その後、岡田さんはずいぶん長い年月をかけて、離婚を達成し、今の宮脇淳子さんとの結婚をとげたのである。

ソビエト大使館では若い領事さんだかが出てきたので事情を話し、どうしてもソ連に行ってみたいのですと言うと、かれは、二時間ほど待っていてくださいと言ってから、モスクワに電話してくれた。そして、どうぞ、モスクワに行ってくださいと、その場でビザを出してくれたのである。

日本で二か月待ってできなかったことが、ドイツでは二時間でできたじゃないか、日本はソ連からよほどばかにされているなと感じた。日本がだめなのかソ連がだめなのか——きっと両方ともにだめなんだろうと今でも思っている。

こうしてぼくはフランクフルトから、パキスタン航空でモスクワに飛んだ。一九六四年当時、ドイツからモスクワに自由に飛べるのはパキスタン航空だけだと聞いていたが本当かどうか。とにかく空港へ行ったが、出発までかなりの時間待たねばならなかった。

しかしぼくはお金の使い方も、また、ドイツ語を話すこともこわくて、パキスタン航空の窓口近くの椅子にすわって何時間も待っていた。すると、職員がやってきて、お見受けしたところ、何も召し上がっていらっしゃらないようだ。これを持って、そこのレストランにお出しになればただで食事ができるのでどうぞと、小さな紙切れをくれた。見ればその旨を書いた食券だった。恥ずかしいが、当時の日本人は、はじめて外国に出たら、だいたいこんな様子だったのではないか。

その後しばらくたってボンで聞いた話にこんなのがあった。東北大学から哲学のえらい先生が来ているが、この人はホテルの宿泊費に含まれている朝食を食べているだけだというありさまが、もう一週間続いている。このままだといのちが危ないというので、何人かの日本の先生がホテルから救い出し、中華料理屋で食事をさせて、事なきを得た。この先生はひたすらドイツ語を読んでいる哲学者だが、自分一人ではホテルから出られなかったのだ。この先生とは、ほかでもない亀井先生の弟さんだったということがあとでわかった。裕《ゆたか》さんというその弟さんは、長兄の孝氏とは全くちがって、きちんとして礼儀正しい、こちらから思わず頭を下げたくなるような立派な人だった。同じ兄弟でもどうしてこうもちがうのだろう。

ぼくの出た最初の国際学会

モスクワに着いたのは、ヴヌコヴォ空港だったように思う。タラップをおりたら、ぼくはこの感激の一瞬をとどめておきたいという、はやる気持ちをおさえきれず、さっとカメラを取り出して撮りはじめた。すると、それをさっとおさえて、あんたは何ということをするんだ、皆が迷惑するんだと、こわい顔をしたのはアメリカ人だった。その頃のソ連は空港は撮影禁止だった。そんなことは、どんなガイドブックにだって書いてあるはずだった。ぼくをスパイに仕立てようと思えば簡単だった。

同じようなことは一九八〇年代の北朝鮮でもあった。名古屋から「友好の翼」という特別チャーター機に乗って北朝鮮に行ったとき、バスで元山《ウォンサン》という港町に寄って時間があったので、停泊中の船をぱちぱち写真に撮っていた。何をしているんだと叱りつけたのは、この旅行に加わっていた同行の日本人だった。ぼくはつかまえるならつかまえてみろ、ここは民主主義人民共和国だから、自由に写真をとるのはあたりまえじゃないかと議論するつもりだったのに。

モスクワに着いた日は空はどんよりとしていて、暗い印象で、この写真の一件で、いっそう暗い気分になっていた。それから、宿泊先は、モスクワ大学の学生寮のようなところをあてがわれた。

翌日はからりと晴れたので、ぼくは大学の前の花畑のようなところを散歩していた。すると、突然四、五人の少女たちに囲まれた。どこから来たの、何しに来たのと質問の一斉射撃だった。ぼくは、自分にあてられた部屋の番号を言って、みんな、遊びに来ないかと誘ったところ、それはできないことになっているわ、それより私の家においでよ、とか、あしたダーチャ（別荘）に行くから一緒に来ない？　ママに紹介するわなどと、活発なことかぎりなしだった。中の一人は、家はローザ・ルクセンブルク通りなのよと言ってアドレスまで書いた。ソ連の市民がこんなにのびのびとしているので、ほんとにびっくりした。

学会では、はじめて、あのロマーン・ヤーコブソンの講演を聞いた。二〇〇人ほどの部屋は満員で、ぼくも立って聞いた。

それから、その人の本をいくつも持っていて、ぜひ会ってみたいと思っていた、ジルムンスキーが司会をやっていた英雄叙事詩のセッションにも出た。ジルムンスキーは、ソ連きってのゲルマニストで、ドクトル・ファウスト伝説の研究で大きな本を書いたので、ぼくはそれを一橋大学図書館に入れた。それだけでなく、テュルク系の英雄叙事詩の研究にも歩み出していた。ジルムンスキーはまた、グリムの『ドイツ語辞典』の完成を助けた恩人としても知られる。一八五四年に第一巻が刊行された後、第二次大戦をはさんで、一九六一年まで、百年以上かけて完成されたこの辞典のカードは、占領軍によってソ連領に運び出される途中、ベルリンの駅でばらばらに散らばっているのが発見された。その通報を受け、カードをすべてベルリンの科学アカデミーにもどさせたのがジルムンスキーだった。そのような偉大なゲルマニストが、テュルクの英雄叙事詩の研究にも乗り出したというので、ぼくはかぎりなく感動したのである。

単純に驚いたのは、受付をしていた、親切で、美しい女性が金褐色のひげを生やしていたことだった。ひげは立っているのではなく、やわらかな筆の穂先のように鼻と唇の間に静かに寝ていて、やさしい感じをかもし出していた。女がひげを生やしていても、誰もそのことをとやかく言わないソ連がとても気に入った。ひげを生やしていても女は美しい。あとでロシア人にそのことをたずねたら、あの美女はアルメニア人だよと教えてくれた。アルメニアの女は特にひげを生やすので有名だったらしい。

梅棹忠夫さんと知り合う

学会が終わった後で大学の一室で盛大な歓迎の宴が開かれた。天井には見たこともない、豪華できらびやかなシャンデリアが耀いていた。ぼくはそこで、活字でしか知らなかった、多くの民族の人たちと知り合った。一番記憶に残っているのはチュワシの代表だった。

チュワシ語は、元来テュルク系の民族が、西に進んで、ボルガ河畔のブルガール族と混ざりあって形成された、ウラル・アルタイ諸族の形成史の上で、極めて重要な言語だとされる。「私はチュワシ族」だと言って、きれいな民族衣装を着たその男は、ぼくがロシア語のわかる日本人だと知ると、いきなり、乾杯の群れから飛び出してきて、プロフェソル・シラトリを知っているかと話しかけてきた。シラトリはあの白鳥庫吉《くらきち》で、ぼくから見れば大昔の人だ。お孫さんなら知っているよと答えた。白鳥がドイツ語で書いた論考が、今なおこんなに知られているとは思いもかけなかった。

モンゴル系のカルムィクやブリヤートの人たちと話をしていると、こんどは小柄な日本人が「なつかしいなあ。あんたたちモンゴル語で話しているじゃないか。ええなあ、なつかしいなあ」と言いながら歩み寄ってきて、梅棹ですと、あいさつされた。ぼくはこの人のモンゴル研究のみならず、『婦人公論』に発表されて、大いに世間をさわがせた「主婦は慰安婦か」だの「主婦無用論」だのに心から拍手を送っていたから、あいさつをされて大変うれしかった。一九七〇年代に失明された後も、大阪の民族学博物館に行くと、梅棹さんの方から先に手がまわっていて、「梅棹が研究室でお待ちしています」とのことで研究室に招かれて、奔放な話をさせていただいた。

バダムハタンのつきせぬ思い出

この最初のモスクワ訪問で、モンゴルの学者とはじめて知りあいになった。モスクワ訪問のこの機会を利用して、市内のいろいろな本屋をまわって、モンゴル語の本を売っている店がないかどうかさがしてみた。一軒だけあった。それは「友好の家」というような名がついていて、友好のために、売れないモンゴルの本を義理で置いているような感じであった。その中にぼくはすばらしい民族学に関する学術書を見つけた。モンゴル西北隅、フブスグル湖畔でトナカイを飼っている遊牧民についての民族誌であった。著者はバダムハタンと言った。

その本を買った同じ日に、モスクワ大学の庭のようなところで二人のモンゴル人に会い、その一人がバダムハタンその人であった。この本を日本語に翻訳するぞと言ったところ、かれは喜んでくれた。日本に帰ってから、これを、当時、金沢大学の佐口透先生が主宰しておられた、北アジア民族学研究会が出していた『北アジア民族学論集』の第四集と第六集（一九六七、六九年）の二回に分けて発表した。これはモンゴル語から翻訳した最初の学術論文として注目され、日本の研究者に大いに喜ばれた。

バダムハタンと次に会ったのは、ソ連崩壊前夜、一九八九年のことで、その時かれは、モンゴル科学アカデミーの民族学部門を率いる堂々たる学者になっていた。ホテルのレストランで食事をしたとき、かれはもう一〇〇グラム飲もうと何度も提案するし、ぼくの方こそもっとその気になって、二人でそれぞれ四〇〇グラムずつくらい飲んだ（ソ連、モンゴルでウオトカを飲むときの一回の単位は一〇〇グラムである）。そこに、外国人が来るといつもそれを見張りに来る、公安だか、スパイだか、目つきの悪い男が現れた。するとハタン（名前が長すぎるから、おれのことはハタンと呼べと、かれは言った）はいきなり席を立って、その男をののしった。男はハタンにとびかかり、二人は取っ組みあいをはじめた。

ハタンはやせていたが長身で腕っぷしが強かった。決して負けてはいなかった。いや、かれの方が強かった。スパイは立ち去った。そこでまた二人で一〇〇グラム飲みなおした。もうソ連はつぶれるというので、かれは自信満々にスパイと渡りあったのだ。

この年、かれはぼくに特別のチャンスを与えてくれ、モンゴル最西端にある、カザフ族の住むバヤン・ウルギー州に行くことができた。三〇〇〇メートルをこえる、アルタイの峯々が、峨々《がが》とつらなるところで、そこの研究所や、カザフ族の村でもたいへんよくしてもらった。この費用は、すべてかれの計らいで、科学アカデミーが出してくれたようだ。

次に、そして最後にかれに会ったのは、かれの住むアパートでだった。そこでかれは、書斎と台所が一緒になっているようなところで、お母さんが作ったエプロンをつけて、粉をねりはじめた。

田中さん、おれはつらいんだ。何回結婚しても女は出ていってしまう。娘も近くにいるが、おれとは住まない。外国から国際学会で人がやってきても、自分の家には呼べないんだ。だがあんたのために、おれはこうしてうどんを作るんだ。

そう言って泣いている間じゅう、鼻みずと涙がぽろぽろと粉の上に落ちるのだから、味つけは全く必要なかった。そして、粉まみれになったエプロンとチョッキを指して、これはママが作ってくれたんだよ、ママが、と言ってなおも鼻みずと涙は粉の上にふりかかって、いっそう味を濃くするばかりだった。そのママが作ってくれたという粉まみれのチョッキを脱いで、どうかこれをおれだと思って日本に持って帰ってくれというので、そのとおりにしたのであるが、酸っぱい乳のにおいがして、ほかの衣類までをも汚染してしまうので、このまま部屋に置いておけないから、残念だがついに洗濯してしまった。

それでかれの作った肉うどんを食べながら、かれの人生観を聞かされた。あらゆる人生はドラマだ。ドラマは必ず幕がおりる。おれの人生も間もなく終わる。研究をやめて故郷で羊飼いをやる。友人のところに行って、そのカミさんが生んだ子の一人はおれの子だ。いい友だちだから、ちゃんと育ててくれた……と言うのだが、どこまでがほんとかわからないけれども、ぼくは全部ほんとだと思う。モンゴルでは、そんなのは特別変わった話ではない。

ハタンはもちろん学問的な話もした。その中でぼくの心に深く残っているのは、レフ・グミリョフの話だ。かれがモンゴル人のことを一番よくわかっていると。ぼくが、難解でとりとめのないこの人の著書が現れるたびに買って、少しでも読むように心がけているのはそのためだ。

ボン大学への留学

ボンのハルトード家

モスクワからボンに帰ってくると、ローテンブルク・オプ・デア・タウバーに行って四か月の間、そこのゲーテ・インスティトゥートでドイツ語の集中授業を受けることになっていた。それまでの一か月ほどをハルトード家に居候になった。その間、洋子夫人から、みっちりと、ボン大学、中央アジア言語文化研究所のメンバーや、とりわけその奥さんたちの人となりについて講義を受けることになった。話し好きの洋子夫人にとっては、ぼくは、ちょうどいい話し相手だったのである。

洋子夫人は活発な上、ドイツ語が達者で、教授夫人たちとのつきあいが深かった。その紹介で、ハイシヒ教授夫人と、「三日にあげず」二人で森の中を散歩する間柄となった。こんなふうに留学生活がはじまった例は、ぼく以外にはないだろうと思う。

夫人は、ハイシヒがウィーン大学の学生の頃からかれと知り合って、結婚された。そして、貧乏な夫を助けるために、袋貼りなどの手間賃稼ぎをして苦労したなどの話をされた。ぼくはドイツに来たばかりだから、ずっと緊張して、その話を拝聴し、これもドイツ語を学ぶための一つの過程だとがんばった。そしてハイシヒ教授が大変な乗馬好きで、あの辺りが夫のよく行く乗馬コースなのよなどと話された。しばらくして疲れると、小さな茶亭のようなところで休んでコーヒーを飲むのだった。そしてこの散歩から帰ってくると田中が何を話したか、どんな様子だったかが、日々洋子さんのところに電話で報告される様子であった。

そんなことが何回かあった後、ある日洋子さんから厳重注意された。「田中さん、あなた、一度もコーヒー代払わなかったんだって。よくないわよ」。なるほど、ぼくはあまえきっていたのだった。ぼくは、三十にもなろうとしているのに、男として一人前になっていないことに気づいた。霧の中の、ちょっとつまずきやすい道のところで、夫人の手をとってあげたことがあるだろうかなども反省した。

ハイシヒ夫人は、ゼミナールの研究室に、どこからか安く手に入れてきたという冷蔵庫を置いて、いつでも冷たいビールを入れておくなどというふうに、研究室に集う人たちに気づかいを怠らなかった人だった。しかし当のハイシヒ教授は、奥さんのその心づかいにはあまり感謝していない様子だった。

ハイシヒ夫人よりも、そのお嬢さんの方が、もっと感じがよく、あまりたびたびは会わなかったが、やさしい人だった。教授は娘を弟子のザガスターと結婚させたかったが、ザガスターは、今の奥さん、ウルズラの方を選んでしまったのよ――などと洋子さんは、なかなか微妙な人間関係に立ち入った注釈を加えながら話してくれた。ザガスターは東ドイツでチベット学を修めてから、西ドイツに逃亡して、ハイシヒの傘下にかくまわれた人だ。だから教授の娘を断って、ウルズラと結婚したところから見ると、よほど勇気のある男だなあと思ったが、その後の経過を見ると、それほどでもない。

あとで聞いたところによると、ハイシヒの娘さんは、パパの後継ぎには、田中さんが入るべきよなどと言ったらしく、ぼくはこの人にますます好意を持つようになったが、アラブ学をやっているとてもすばらしい男と結婚した。彼女のためによかったなあと思った。

ハイシヒはその頃、後に奥さんとなる、若くて耀くようなアンネマリーに恋をしていた。むりもないことだ。ぼくをケチだとけなした奥さんのことをあまり感心しない人だと思っていたが、それでもやはり気の毒になった。あとで、この人が病院でベッドに横たわっているところを、洋子さんに誘われてお見舞いに行った。これが、ハイシヒ夫人を見た最後だった。ハイシヒがこの問題で悩んださまは、あとで述べる開高健の『夏の闇』の中で描かれている。この奥さんは、ぼくにはなつかしく思い出される人である。もっと親身になって、思い出など聞いてあげるべきだった。

ローテンブルクでのドイツ語研修

フンボルト財団では、すべての給費生に、大学や研究所で研究生活に入る前に、ゲーテ・インスティトゥートでのドイツ語研修を義務づけていたらしい。ゲーテ・インスティトゥートは西ドイツ各地にこのような研修所を設けていた。ぼくが行かされたローテンブルクは、ロマンチック街道沿いの町の一つ、名だたる観光の名所で、そんなところでドイツ語を学ぶぼくは幸運だと言われた。亀井先生の父上、高孝氏は西洋史の大御所だったから、ぼくがそこへ行くと知って、ご著書『西洋史夜話』（吉川弘文館、一九五三年）を贈られた。「御渡欧に際して」と署名がある。この中の第九章に「ローテンブルクの思ひ出」があり、一九二七年、一一月初めにこの町を訪ね、滞在されたのを記念に書かれたものである。

ここで学ぶ者はすべてドイツ人の家に下宿するが、そこでは食事をとらず、朝はインスティトゥートにそろってドイツ式の朝食をとり、昼、夜は町なかの、りっぱなレストランでこれまたそろって食事し、片時もドイツ語以外の言語を使わせないようになっているのである。

ぼくが世話になった家はシュトゥプハンといって、東独から逃げてきてここに家をたてたと奥さんが話してくれた。奥さんはぼくが近くのコンビニで買いものをするたびに、ちゃんとポイントの切手をもらってくるように言った。シュトゥプハンの奥さんに頼まれたからと言ってと。ああドイツ人はなかなかこまかいなあと思った。

ぼくは韓国ソウル大学からやってきた同い年のカン（姜）命圭さんといつも一緒だった。カン教授は、田中さん、ドイツ語ではどうしても感じが出ないよ。もういやになったよと、日本語で話された。その後交わした手紙もカタカナ日本語だった。

その翌年、ぼくがボンの郊外に住むことになったときも、カンさんも、ぼくの住むヘンピな村に移り住まれた。カンさんの奥さんは英語が堪能だったから、村のドイツ人から尊敬されていた。

ぼくはこのドイツ語漬けの生活がいやではなかったが、目的のモンゴル研究はどうなるんだろうと、気が気でなかった。たてまえは一年留学だったから、一年の三分の一をこんな過ごし方をしていていいのかと。それでハイシヒさんに電話して、早くボンに帰してもらえないかと頼んだ。

ややあって、バード・ゴーデスベルクのフンボルト財団から電話がかかってきた。どうやら目的は、ぼくが大学で授業に出て、きちんとドイツ語の授業を理解するか、語学力をテストするためだったようである。

ぼくの受け答えは決して上出来とは言えなかったが、まあ、しょうがないなということになったのだろう。ハイシヒさんから電話があって、ボンに来ていいよということになった。

ハイシヒさんは、その後も、ぼくにドイツ語の学び方について、いくつかヒントを与えられた。『フランクフルター・アルゲマイネ』とか、あんなもの（高級紙）を読んじゃだめだ。町角で売っている『ビルト』のようなものを読んだ方がいいよと。『ビルト』は毎号、女が赤ん坊を壁に投げつけて殺したとかいうような記事をでかでかと、大きな活字で出しているような新聞である。

ここでドイツの新聞について言えば、『フランクフルター・アルゲマイネ』のような全国規模の高級紙を読んでいる人はわずかで、大部分の人が地方紙を読んでいた。それも配達させて定期的に読んでいる人は少なく、今の日本の新聞事情よりもっとよくない。日本の新聞配達を担っている人は、日本語と日本の文化のかけがえのない支え手であるという、ぼくのふだんからの深い尊敬の念をここで述べておきたい。ドイツでは新聞配達をやっているのは郵便局である。だから、朝こんなに早く新聞が読めるのは日本のありがたい点である。

さて、ローテンブルクでのドイツ語であるが、帰国してから、フンボルト財団の要求どおりに、二か月などとけちなことは考えず、四か月やっておけばよかったのにと思うことしきりであった。というのは、翌一九六五年、一橋大学でぼくもお世話になった中国史のゼミナールの増淵龍夫先生が、ウィーンでの国際西洋史学会で来られたときに、ぜひローテンブルクをお見せしたいと案内して行ったとき、アメリカからやってきていた四人組の女たちが、まだそこにいたからだ。つまり、彼女たちは、一年以上も、ゲーテ・インスティトゥートでドイツ語をやり続けていたのを見たのである。あのようなチャンスは生涯に二度となかったのに。誤解がないように書いておかねばならないが、ローテンブルクにもっと永くいればよかったと書いたのは、決してぼくのことをちゃんとおぼえてくれていたアメリカ娘たちにひかれたからではなくて、あんなに集中してドイツ語をやる機会は、その後二度と訪れなかったからである。

昔、日本の共産党員たちは、監獄に入れられるたびに一つずつ外国語をおぼえた。かれらは「一獄一語」とけなげなことばをとなえながら、囚人生活の中で学んでいたのだ。ローテンブルクはぼくがそこに閉じ込められたとはいえ、監獄ではないのだから、もっと楽しむべきだったのだ。

ボン大学の大学生となる

ローテンブルクからボンに帰ってくると、ぼくはゼミナール（研究所）に出頭して、ハイシヒにあいさつすると同時に、ならなくてもよかったはずの、学生の身分になるための手続きをした。ドイツの学生は、一つの主専攻のほかに二つの副専攻を登録する。この二つの専攻は、博士論文の審査を受けるときに必要になる。この三つの科目で口頭試験に合格しなければならないのである。

こういう手続きをきまじめにやった理由は、日本を出る前に、村山七郎氏から、「田中君、むだにドイツに行って帰るだけでは何にもなりません。ドイツではドクターをとって帰ってきなさい」と言われたのに従ったものらしい。村山先生のこういう言いつけは、先生ご自身の願望から出ていたらしく思える。たぶん先生は、博士号がないために、いろいろと口惜しい思いをされたのだろう。そして、博士になるためにはラテン語の試験もあるけれども、日本人はその代わりに漢文ですまされることもあるだろうというお話だった。ウィーン大学で博士となった大林太良《たりよう》さんは、試験ではカエサルの『ガリア戦記』を読まされることが多いから、だいたいそんなことをちょっとやっておけばすむよと言われた。

ドイツに発つ前年の一九六三年、ぼくは、鹿児島であった日本民族学会に出席した後、エクスカーションで、種子島、屋久島の旅に行った。この時はじつにたくさんの人たちと知り合った。大林太良さんは前からの知り合いだったが、かれは、田中君は来年からドイツに行くんですよと、皆さんに大々的に披露された。一行の中で、ぼくのことを、何となくとてもえらいと思ってくれた人は宮本常一《つねいち》さんだった。モーコの神話を研究する新進の学徒として、大変期待されたふうだった。ちょうどそのころ、後に『民族学研究』に発表した、「モンゴル英雄叙事詩に見られる二つの文化層」の口頭発表をお聞きになっていたからだった。あの論文はもっと発展させるべきだが、あそこでとまってしまっている。ロシアであの論文を読んで知っているネクリュードフさんは、なぜあそこでやめてしまっているんですかとぼくに質問した。

宮本さんは、島々から帰って本土に上陸した後も、山口県のどこかまで汽車でご一緒した。その

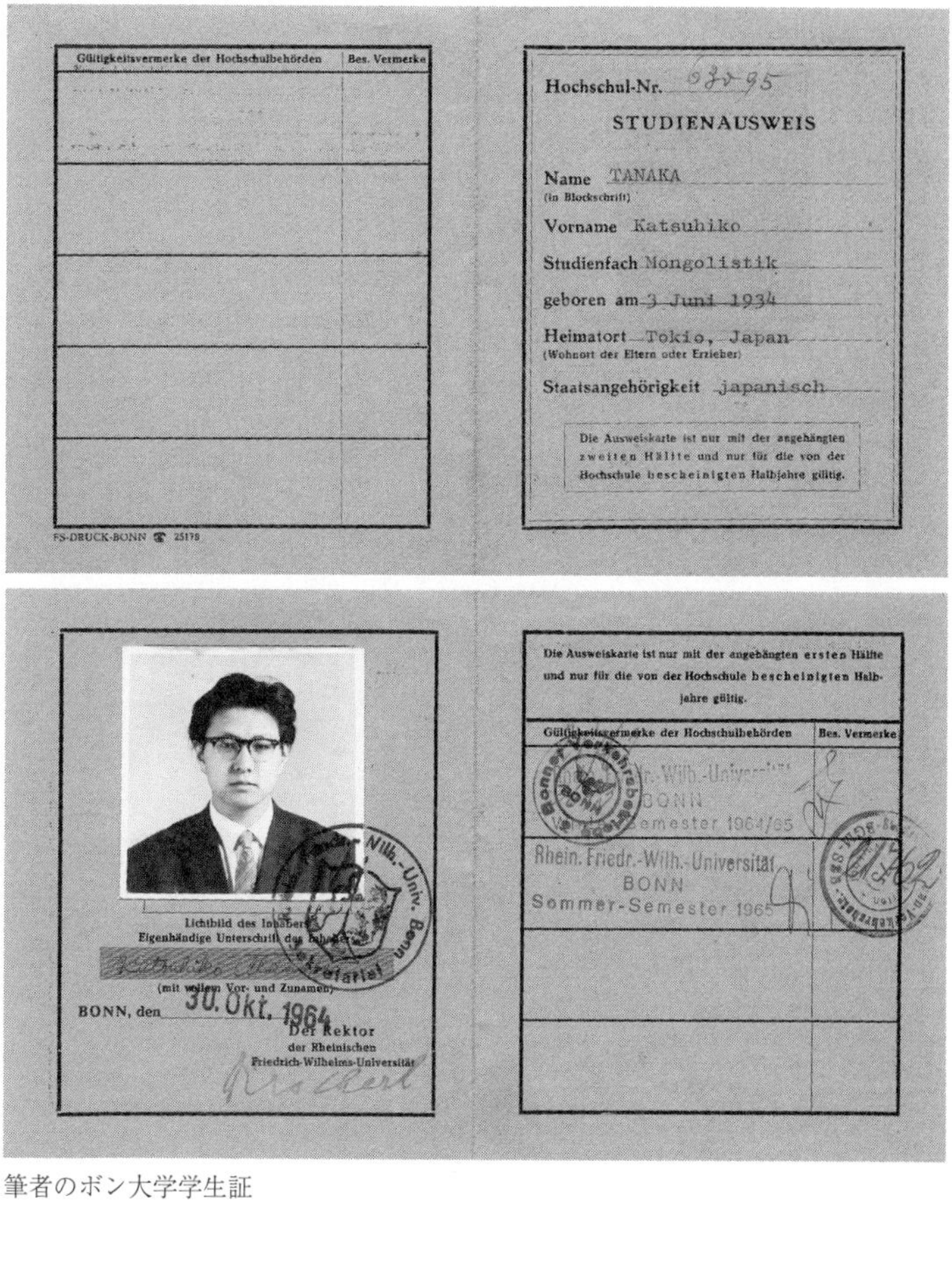

Gültigkeitsvermerke der Hochschulbehörden | Bes. Vermerke

FS-DRUCK-BONN ☎ 25178

Hochschul-Nr. 63095

STUDIENAUSWEIS

Name TANAKA
(in Blockschrift)

Vorname Katsuhiko

Studienfach Mongolistik

geboren am 3 Juni 1934

Heimatort Tokio, Japan
(Wohnort der Eltern oder Erzieher)

Staatsangehörigkeit japanisch

Die Ausweiskarte ist nur mit der angehängten zweiten Hälfte und nur für die von der Hochschule bescheinigten Halbjahre gültig.

Lichtbild des Inhabers
Eigenhändige Unterschrift des Inhabers
(mit vollem Vor- und Zunamen)

BONN, den 30. Okt. 1964

Der Rektor
der Rheinischen
Friedrich-Wilhelms-Universität

Die Ausweiskarte ist nur mit der angehängten ersten Hälfte und nur für die von der Hochschule bescheinigten Halbjahre gültig.

Gültigkeitsvermerke der Hochschulbehörden | Bes. Vermerke

Rhein. Friedr.-Wilh.-Universität
BONN
Winter-Semester 1964/65

Rhein. Friedr.-Wilh.-Universität
BONN
Sommer-Semester 1965

筆者のボン大学学生証

あたりにある島にもどって、一年に一回はそこで百姓をやることにしている、そうしないと百姓を忘れるからねとおっしゃった。宮本さんについてぼくが大変感心したことは、どこに行っても、よく、いや、必ずみやげ物をお買いになることだった。それを持って次の訪問地の知人へのおみやげにされるようだった。

またこの旅で、種子島の宿で同宿した中根千枝さんのことも記しておかねばならない。種子島で見せてもらった土地の踊りのことを、あれは念仏踊りの系統のものだなどとくわしく説明していただき、中根さんは、インドに留学したときの先生はレーリヒだとおっしゃった。レーリヒ(Roerich)とはあのソ連の有名な絵描きニコライ・レーリヒの息子で、チベット学者のユーリー(ジョージ)・ニコラエヴィチ・レーリヒのことじゃないかと、おたずねしたら、やっぱりそうだった。それで、ぼくは、じつはブリヤートのゲセル(チベット語ではケサル)物語の研究をしているんだと話したら、あとで、レーリヒから贈られたという、ゲセルについての研究の抜き刷りを送っていただいた。

忘れずに書いておきたいのは、徳永先生がずっとご一緒で、種子島でもそうだった。種子島の、小さな鍛冶場を訪ねたとき、こういうものは買っておきなさいとすすめられた、ほんとに平凡なつくりのハサミを買った。これは今も机の上にあって、使うたびに先生を思い出すのである。

道草ばなしが長くなったが、主専攻にはもちろんモンゴル学、副専攻には言語学とスラヴ学を選んだ。言語学では、あのワイスゲルバーはすでに定年後であったが、かれの授業は、教室の隅にいたるまでぎっしり、立ってまで聞いている学生でいっぱいで、独特のふんいきがあった。朝八時からの授業（ボン大学では、朝八時から夜一〇時まで、時間割はすき間なく組んであった）で、教室に行ってみると、前二、三列までは、机に貼り紙がしてあって、belegt（ベレークト）と書いてあった。「ふさがっている」という意味だった。ワイスゲルバーは、老人独特のふるえ声で、ゆっくりゆっくり話すのだが、教室は厳粛な気に満ちていて、まるで神のお告げを聞くようであった。その「ベレークト」の席は黒い服をきちんと着た白髪の人が多く、たぶん、中学高校の校長さんふうだった。ドイツの講義は通常一時間で、そのうちの一五分はアカデーミシェス・フィールテル（大学の四分の一）と言い、教室から教室への移動に使われるから、実質は四五分である。日本の一コマの半分の時間であるから、講義の内容は濃密で緊張に満ちている。

ぼくはワイスゲルバーのことを、ソ連の言語学の論文集で読んで、雷に打たれたような経験をもっていたから、モンゴル学以上に関心があった。

ハイシヒさんはあまりすすめなかったけれども、ヴォルトナー女史のスラヴ学に入り、レスキーンの本を使って教会スラヴ語の勉強をした。授業は教会スラヴ語のテキストを読むだけでなく、あるところにさしかかると、ギリシア語とラテン語のパラレルを求められるという、極めてきびしいものだった。出席者は一〇人くらい。毎時間紙がまわってきて、出席確認のためにそこに署名させられた。日本のスラヴ学は、これに比べるとまるで小学校クラスかな。現代文学作品の翻訳をやってるだけじゃないかと思った。ヴォルトナー女史に、村山七郎の名をあげると、ベルリンで、マックス・ファスマーのもとでともに勉強したとのお話だった。

ヴォルトナーさんの講義は、ロシア文学の始祖とも言うべきカンテミールの話だった。ぼくはこの人の名が、なぜトルコふう――鋼（カン）・鉄（テミール、モンゴル語ではテムル）なのか、ふしぎに思って今日に至っているが、まだ調べていない。

このほか、人類学、民族学の授業にも出たが、民俗学（フォルクスクンデ）からは多大の影響を受けた。研究室に山のように積んだ、中世ドイツの農民生活を描いた銅版画があって、学生はその中から何点か選び出して説明し、その解釈をしながら、荘園の一日を描き出すというような作業だった。教授はツェンダーさんと言って、帰り道、歩きながら、よく日本のきつねつきの話をされた。ぼくより、しばらくあとに留学した阿部謹也が、この手法を使ってドイツ史をやりはじめたので、ちょっと羨ましい気になった。ああ、やつのやっているのは、あの手法だなと。

ボンのモンゴル学

学生にはなったけど、ぼくは自分の国では東京外語モンゴル語学科の専任講師で、学生ではなく教えるたちばだ。しかしモンゴル語のテキストを読むときに、ハイシヒさんは、ときどきぼくのは誤りだと指摘した。しかしそんなことで腹を立てたり怒ったりしてはならない。一緒に授業に出ていたハルトードは、あんたのは間違いじゃない、だけどハイシヒはなんであんなにむきになったんだろうね、とぼくをなぐさめてくれた。

ぼくがモンゴル語を読む授業に出ていたのは、それをドイツ語でどう言うかに関心があったからで、そこに苦労があった。

ゼミナールで最も参考になったのはKolloquium（コローキウム）の時間だった。独和辞典でこの語の意味をたしかめてみると「大学の教授と学生との対話形式の授業」というような訳がかかげてあるが、二週間に一回ぐらいの割合であるこの時間は大変だった。世界中で出版される、モンゴル学、およびその周辺領域にかかわる刊行物、論文などを集め（そのための専門助手がいる）、各人が手分けして担当し、二週間ごとにその内容を報告するのである。報告したあとは、それをそのまま印刷してもいい（druckfertigドルックフェルティヒと言う）、できあがった論文として提出するのである。ぼくはおもにソ連と、日本の文献を担当した。今でもよくおぼえているのは、突厥語碑文に現れたテキストの文体に関する研究で、これはハイシヒが、よくできているから学会誌に出そうかと言ったのだが、ぼくは、もうちょっといいドイツ語にしたいと思うからと引っ込めたのだが、今から思えば無理してでも出すべきだった。

もう一つは、満洲で家族調査をやった、千種達夫さんの研究だ。この本は、日本でだったら決して読まないはずのものだが、ドイツだからがんばった。

佐々木千世子の出現

ローテンブルクからボン大学の研究室にもどってくると、新しいメンバーが一人増えていた。日本の女性で「佐々木千世子と申します」とぼくに告げた。そのようにしてはじめて会ったのは、大学の庭であった。ふしぎなことに、研究室や教室では一度も会ったことはない。会ったのはライン河の船の上でのゼミナール・ビールの夕べ、またカーニバルの夜での、何とも言えないほど刺激的な仮装をした彼女だった。つまり、授業だの研究会などのような場所には全く出ない、学生ではなく純「研究員」だった。佐々木千世、あるいは佐々木千世子というこの名には何となく聞きおぼえがあった。プラハにしばらく住んでいたが、ボンにやってきて、ハイシヒ先生と知り合って、フンボルト財団給費生の現地採用になったということだ。

記憶をたどってみると、『ようこそ！ヤポンカ』という本を書いて、新聞の広告にその名が何度か現れた。その頃は小田実の『何でも見てやろう』が大人気を博して、日本の若者が海外——主に欧米——に出て、体当たり的に外国生活を実行するというのが夢になっていた。『ようこそ！ヤポンカ』はその女性版だった。ヤポンカとはチェコ語で「日本女、日本娘」というのであろうか。

この女性に会うことはその後ほとんどなかったが、ハイシヒが中央アジア言語文化研究所の図書・資料室と、それに付属する学生用研究室などを大改造して、そのお祝いお披露目に他のゼミナールの教授たちを招いたことがあった。そのときスラヴ学のヴォルトナー女史もやってきていたので、ぼくは彼女とロシア語で話し、次にふり向いて、助教授のザガスターとドイツ語で話していた。すると肩をたたく人がいて、日本語で「すごいわね」と言った女がいた。見ると佐々木千世子だった。そして、私だったら一つのことばを話していたら、急に別の外国語には切り替えられないわねと言った。何だこの女、いろんな国を放浪してきたんだから、そんなわけはないだろうと思ったが、しかしこんな歴戦の女からほめられたので、悪い気はしなかった。

それに若々しく、野心に燃える女の精気のみなぎった表情だったから、いっそう悪い気はしなかった。早稲田大学でロシア語をやった後、東大で木村彰一先生の助手をやっていたと自己紹介をした。ドイツ語はやったこともないし、それでモンゴル学のゼミナールに入ってきてどうするんだと思っていたら、――話を先まわりして言うと、――その数年後には博士論文（もちろんドイツ語で）を書いて、博士になったのである。

彼女の人となりについては、例によって、ハルトード洋子さんがこまかく描写してくれた。ゲステハウス（研究者用の宿舎）をハイシヒが世話してくれるまで、彼女はハルトード家に居候していた。つまり、ぼくの後釜になったわけである。洋子さんの話によれば、夜になると、彼女はなまめかしい下着、戦後の、よりモダンな言い方によればパンティーを着て、夫のハルトードさんの書斎に入っていっては刺激を与えたというのである。洋子さんによれば、「千世さんはね、毎晩、ちがった色のをはいて現れるのよ。何種類ぐらい持っているのかね」。ぼくは七色ぐらいは持っているでしょう、とまあ型どおりに答えた。

この自伝を書くために、最近しらべてみたところ、千世さんはぼくよりちょうど一つ年上だから、当時は三〇から三一歳だったろう。手入れのよく行きとどいた、みがきのかかった体で世界の男たちを魅了しながら渡り歩いて、このボンにたどり着いたのだから、洋子さんなんかがかなうはずはない。ハルトードさんは、こういう女に対しては、かくしきれずに正直に反応する人だったから、その家の中の様子は想像できる。洋子さんがいらいらしても、誰にもそれを責めることはできない。

居候はそんなには長く続かず、しばらくしてから大学の家族用ゲステハウスに出ていった。この宿舎に、ベトナムの取材旅行から帰ってきた開高健がころがりこんで、千世さんと二人で、あられもない愛欲の生活をいとなむありさまは、かれの小説『夏の闇』にくわしく描かれている。

ぼくは日本から迎える家族のために宿舎がほしいと訴えても、ハイシヒさんはそれを聞きとどけてくれなかったから、ボンから離れた遠くの村に住んで、どんなに苦労したかは別のところで述べるつもりである。ハイシヒさんは、やはり千世さんに魅せられ、あるいは泣きつかれ、市の中心から近い林檎畑の中にある、静かで快適な家を、優先して彼女に与えたのである。何よりも、ぼくから見たら、研究者としては無資格の彼女のためにフンボルトの奨学金をとってやったのである。……と当時ぼくはひがんでいたのであるが、ぼくの想像がどれくらい事実と一致していたかはわからない。

『夏の闇』に描かれた佐々木千世さん

開高健の『夏の闇』は一九七一年、『新潮』一〇月号に発表された。ぼくはめったにこのような小説雑誌は買ったことがないけれども、その前に、かれの『パニック』などを読んで、うまいなあと感心したから、たまたま買ったにすぎない。そして驚いた。書き出しは次のようである。

その頃も旅をしていた。

ある国をでて、べつの国に入り、そこの首府の学生町の安い旅館で寝たり起きたりして私はその日その日をすごしていた。

「首府の学生町」とは、まごうかたなきボンのことだ。そこで「白い咽喉《のど》をそらせて笑ったり、薄いくちびるを嚙《か》みしめて眼を伏せたり、額の髪をはらったり」する女と出会い、その女は「食事や情事のあとで日本を捨てる決心を」したのだとうちあける。「日本にいて専攻科目の学者になろうとしても学閥に出口を制せられ」たとか「翻訳者になろうとしても出版社が閥学者に制せら」れたとかのせりふやしぐさは、千世さんそのものである。

この女が千世さん以外にありえないと保証しているのは、次のくだりである。

いま私が知っているのは、女がＡＢＣも知らないでたどりついた国に六年すごして、そこの首都の大学の東方研究室で客員待遇をうけていて、秋に提出する博士論文のためにいそがしい、ということだけである。

いったい開高健という人は何を考えているのだろうか。ＡＢＣも知らないでたどりついた国で、いったい六年間で博士論文が書けるなどと正常な知識のある男なら、そんなことがぬけぬけと書けるはずがないじゃないか。

その女との生活は次のように描かれている。

女がたのむので灯を消すと赤がしりぞき……全裸になって佇んでいた。（中略）

女は暗がりをかけ、ベッドにとびこむと、声をあげてころげまわった。朝の体は果実のように冷たくひきしまり、肩、乳房、下腹、腿、すべてがそれぞれ独立した小動物のようにいきいきと躍動し、ぶつかりあい、からみついてきた。

学術的でない引用はこの程度にしておこう。学術的ではないが、千世さんの体やしぐさの特徴を描き出すしかたはうまいもんだなあと思う。千世さんは、すぐそばにライン河が流れている大学の庭で、マグノリアの花の木陰でぼくとちょっと立ち話しただけで、このような場面を想像させて見せるような演技力を持っていたのである。

この『夏の闇』の掲載号を持って、ぼくは岡山大学に赴任した。そこに、今は亡くなっているが、音声学者で辞書なども作っていた吉沢典男が訪ねてきた。そこで、近くのホタルが出るという小川まで連れていってから、この雑誌を見せた。すると、ぼくのような中年男には、こたえられないなあと、かれは言って、それを持っていったまま、返すことなく、亡くなった。それでぼくは今、数年前、渋谷の古本屋で見つけた新潮文庫版を見ながらこれを書いているのである。

ぼくは、この小説は俗っぽくてほとんど無内容のくだらない作品だと思う。なぜ俗っぽいか。当時としては稀だった、外国で給費をもらって、博士論文に励むという女を主人公として、その女がかたことのドイツ語で手に入れてくる飲み物や食べ物のことを、まるで通のように引きとって語り、イナカッペ日本人としては比類のないしゃれた生活のように見せびらかせて書いているにすぎないからである。この流れは『なんとなく、クリスタル』などにも引きつがれる商品カタログまがいの、通俗知識の見せびらかしにすぎない。

それにもかかわらず、日本ではそんなことが評判になるのである。

ぼくはある日新聞の文化欄で、次のような見出しを見て、あきれたあまり切りとっておいた。いわく「没後20年　開高健の代表作『夏の闇』直筆原稿、再現し出版」（『朝日新聞』二〇〇九年一月七日）。発表されて四〇年近くにもなろうというのに、まだこんなに騒がれるとはねえ。

もともと、小説というものは、相当インチキくさいと思っていたぼくは、これでいっそう小説というものに信頼を失ってしまった。

一九八五年のことだったと思うが、フィンランド大使館のきも入りで催された、カレワラ発表一五〇年かの研究集会で、ぼくは研究発表した。その時、なぜか開高健も招かれて来ていた。ぼくは、『夏の闇』読みましたよと言ったところ、相手は「ああ……あれは……」と言ったきりで、そんなに話したくないようだったから、ぼくはそれ以上話をすすめなかった。

前掲の新聞記事によると、司馬遼太郎は、開高健への弔辞で、「『夏の闇』一作を書くだけで、天が開高健に与えた才能への返礼は十分以上ではないかと思われた」と述べたそうである。これがそらぞらしいウソならばいい。しかし司馬が本気で言ったとしたら、日本文芸界はクサッているとしか言いようがない。ただし開高健さんは研究集会の席上、わたしも、もう一度まじめにカレワラを読みますなどと言っていたから、案外神妙なところのあるいい人だと思った。

文庫本につけられたC・W・ニコルという人の解説も、劣らずひどい、いいかげんなものだ。いわく、「この解説を書くにあたって、私は本書を四回、読みかえした」。本当かい？「これ迄に私が読んだ日本の小説で、最もすぐれたふたつの作品のうち、その一つが本書だということ、ここで私の言いたいのはこれに尽きる」。――本気かい。日本の小説ってそんなにつまらないものかい、ニコル殿。それにまた、ニコル殿は「真紅にそまった山の日没を眺め、シュナップを味わい、或いはまた、世界を舞台にした小説のヒロインたちのうちでも最も刺激的な女性のひとりを相手に、その肉体と思想とを主人公になりかわって愛撫する……」などと書いておいでだが、シュナップなんて飲み物はドイツにはない。ニコルさんはシュナップスのスは、英語の複数形語尾だと思いちがえてしまったのかもしれない。世界は英語だけじゃないよ。とにかくいい気なものだ。

最近あるロシア文学仲間の集まりで、佐々木千世という女のことを知っているかと聞いたところ、ぼくより二、三年とし上の中村喜和が知っていた。当時、日本でロシア文学をやっていた人たちの中で、彼女は話題の人だったらしく、知りあいだったブブノワさんが描いた石版画を送ってきた。この画はたしかに佐々木千世のある特徴をよくとらえているが、ボンで知りあい、『夏の闇』に現れる三二、三くらいの佐々木千世とはかなりちがう。この画は彼女が二五歳のときのもので、どこかとげのある感じに描いたブブノワさんのまなざしには、心なしか意地悪なところが感じられる。七〇歳をすぎたブブノワさんには、若い自信にあふれた千世さんに、どこか許せぬところがあったのだろう。そして、そのような彼女にぼくも完全に同意する。本書に掲げることはしなかったが、東京都町田市の国際版画美術館に行けば見られるはずである。中村喜和はもともときちょうめんな人だが、ここまで深く記憶にとどめているということは、千世さんもかれにとっては、そこそこの人だったのだろう。

ハイシヒ教授も登場

開高健はこの小説で、自分がこの女を通じて、いかにドイツの学術界にも深く入りこんだ、わけ知りであるかを示そうとして、いろいろ細工をしている。そのために使われているのが、ここではシュタインコップとの名で登場しているハイシヒ教授が若い愛人を得て、夫人との離婚問題に悩んでいる姿である。『夏の闇』を読んだドイツ人は——すくなくともボン大学では——一人もいないであろう。だから、ハイシヒがここでどんなふうにはずかしく描かれているか、現夫人アンネマリーさん——ドイツで、ぼくの子どもたちの母親が、「こんな家族とは一緒に暮らせない」と言って、一人でさっさと日本に帰っていった後、ぼくと子どもたち三人をライン河畔の家に招いて、おいしいウィーナーシュニツェルを作っていただいた——もご存じのはずはないのである。

佐々木千世子の博士論文

ぼくがドイツから帰って三年たった一九六九年のことだったと思う。坂本是忠氏がある日ぼくをつかまえて、「田中君、佐々木千世子という女がボン大学でノモンハンをテーマに論文を出して博士になったそうじゃないか。ぼくの書いた論文も、他の重要な日本語の論文もほとんど見ないで書いている。ドイツの博士号ってそんないいかげんなもんかい」と、まるで、ぼくが彼女を博士にしたような口ぶりで怒りを表明されたのである。それは、ぼくがつね日頃ほめたたえるドイツの大学は、じつはいいかげんなんだとおっしゃりたい気持ちから出たことはあきらかだ。

驚いたのはこっちの方だ。そうか、モンゴルもノモンハンも何も知らないで、何よりもドイツ語も知らないで、よくも、たった数年間で博士論文が書けるなんてすごいなあ、どんな論文だろうかとあやしむのも当然のことだ。何よりも、そんな論文が出たのなら、彼女自身なり、そうでなければ必ずボンの研究所の誰かが送ってきても良さそうなものなのに。ドイツでは博士論文は、審査の段階で出版されていなければならないはずである。

それにしても坂本さんはどのようにしてその論文をごらんになったのだろうか。今考えてみれば、「そうですか、ぼくもその論文見たいです。見せてください」と言えばよかったのに、ぼくは自分が「つんぼ桟敷に置かれた」思いで、そういう返事さえしたくなかった。

そのうちに、ある日、何となく読んでいた新聞に四行ほどの事故記事が出ていて、文字どおり「ぎょっと」したのである。一九七〇年三月のことである。

夜の青山通りをドライブしていて、その自動車が分離帯だか何かに激突して、「ボン大学研究員」の佐々木千世が亡くなったというのである。運転していたのは東京工業大学の助教授で、この人も亡くなったという。

ああ佐々木千世さんという人は最後までドラマチックだったなあと思って、彼女のこともそのまま忘れてしまっていた。

ところが、それから二〇年以上もたって、ぼくは、彼女の博士論文に出会うことになるのである。いまぼくの手元にある二八二ページのそのドイツ語の論文には、ぼくの手で、これを受け取った一九九二年一一月九日という日付と、「朝比奈時子氏より」と書き込みがある。この日、ぼくの授業が終わってから、出席していた学生の一人が、母から先生にこれを渡すように言われましたからとぼくに渡した。ぼくはほんとに驚いて、へえ、この人とはボン大学で一緒だったんだよと答えた。

それからややあって、朝比奈さんから手紙が来た。彼女がこの論文をぼくにとどけさせたのは、ぼくがノモンハンについて書いた新聞記事を読んだからであったとあり、またぼくが千世さんと知り合いだったということに大変驚かれた。朝比奈さんは、早稲田大学で、千世さんと学友だったとのことである。

『夏の闇』では千世さんの博士論文は、「もし題をつけるとすると、『ロシヤ政治における伝統としての東方志向とアジアへのその影響』となるような内容のものであるらしいとしか私は知らないのだが、数年の精力と注意をつぎこんだらしいその原稿は正確な細字でぎっしり埋められている」と記されている。

受けとった論文は「ノモンハン紛争――極東における第二次大戦への序曲」(Der Nomonhan Konflikt. Das fernöstliche Vorspiel zum Zweiten Weltkrieg) となっている。『夏の闇』に出てくる題名の方が、千世さんらしいけれども、ハイシヒは、これではとても短い時間ではまとまらないと考えて、ノモンハンを課題として与えたのであろう。論文の三分の一は、一九六五年にウランバートルで出版された、ジャムサランジャブ著『ハルハ河戦争に参戦したモンゴル軍特別部隊』のモンゴル語テキストと訳文である。

注目したいのは、モンゴルがソ連に支配されているのを不服として日本側に亡命したビンバー大尉についての記述がくわしいことである。特に、かれの名で書かれたロシア語の『外モンゴルにのしかかる赤い手』が上海で出ていることをはじめて知った。

本論文の序文で、千世さんはハイシヒのほか、ベルリン自由大学のH・ワグナー氏、マールブルク、西ドイツ図書館のW・ゾイバリヒ氏などに謝辞を述べているが、何といってもハイシヒの助けがなければ、この論文の出現が断じてありえないことはあきらかだ。

この論文については、立ち入って述べることは、いまのところ自制しよう。ぼくの自伝にとって、それは不つりあいな情熱を注ぐことになってしまうからだ。

はじめてのモンゴル行き（一九六八年）

モンゴル研究の中で最もアカデミックなアプローチを要求し、誰もが、これこそ研究の中心をなすものだと認めるのが、一三世紀に成立したとされる『元朝秘史』の研究であろう。それに次いでは、一七世紀の年代記群である。それらの研究はたしかに魅力に富んでいるけれども、ぼくはそれに劣らず、ソ連と中国の間に密封され、押しつぶされるような位置を占めているモンゴルの人たちが、何を考えているかが、もっと知りたいことであった。それはことばを変えて言えば、大民族・大国家のかたわらで、小さな民族が、独立をして国家をかまえることがどういうことであるかを知りたいのである。それには古文献を読んでいるだけでなく、現代を生きている人たちの生活を観察し、話してみなければならないのである。だから、どうしても、モンゴルに行きたいという気持ちはつのる一方であった。

モンゴルと日本との間に国交はなく、郵便もとどきにくい。そこでぼくが考えたのは電報でやりとりすることであった。電報は、東京駅丸ノ内側にある中央郵便局に行って打つのが、最もうまくいった。これは日本の職員の能力というよりは関心の問題である。中央郵便局の職員たちは、こういう特異な要求に興味をもって応ずる点、きわだってすぐれていた。

ここからモンゴル国立書店に、モンゴル語をローマ字書きにして電報を打つのである。ロシア語のかたわら、モンゴル語の本も扱うつもりのあるナウカ社と話をつけ、その代表として、ウランバートルにモンゴル語図書を買いつけに行きたいと希望を伝えたのである。何回かこれをくり返すうちにやっと、受け入れてもいいいと返事が来た。

当時、ウランバートルに行くのに最も近い方法は、横浜をソ連のバイカル号という客船に乗って出発し、ナホトカに着く。ナホトカから汽車に一晩泊まって、ハバロフスクに着く。ハバロフスクではホテルで一、二泊して、飛行機でイルクーツクに着く。イルクーツクにはモンゴルの領事館があるから、そこに行って、電報を見せ、ビザをもらうのである。

しかし、モンゴルの領事館がどこにあるのかわからない。イントゥーリストというソ連の国営旅行社の職員が、やっと、「赤軍第五軍通り」というところのアパートの一室にあるとたしかめて行ったところ、領事は、どこかに遊びに行っていて、明日にならないと帰ってこないという返事である。

やっとビザがもらえて、翌日アントノフ型とかいう、三〇人ほどの旅客を乗せる中型機に乗ると、もう四五分くらいでウランバートルに着く。その感動といえばたとえがたいものであった。同乗の客は新聞の特派員としてパリに行った帰りだとか、ぼくが想像していたモンゴルの遊牧民とは全くちがう人種のようだった。しかしちょっと話してみると、たいていの人が、子どもの時に羊飼いだったり、ラクダ飼いをしていた。このような経路で行くと、全旅程は片道四日間もかかるが、バイカル号の上での二泊五二時間をはじめ、シベリアの難儀の旅は今考えると緊張と感激に満ちたものだった。ソ連のイントゥーリストの職員は、ほんとによく頑張って世話をしてくれる。しかしどんなに頑張っても、天気の条件には限界がある。タシケントからハバロフスクに来るはずの飛行機が、向こうの空港を飛び立っていないとか、向こうがよくなっても、イルクーツクに霧が出て、こっちの空港が閉鎖だとか、なかなかスムーズにいかない。旅客は職員とソ連をぼろくそに言うだけでなく、空港ホテルには、そういう旅客のために、腹立ちを書き放題に書くための分厚い苦情帳がそなえてある。また霧か、これで三日目だ、などと、ロシア語、ドイツ語などで書きなぐってある。

でも、外国人にはまだベッドがあるが、一度ハバロフスクの国内乗客の待合室に行ったら、広い地べたに、まるでマグロを並べたように、兵士も農民らしいおばさんたちも、乳飲み子をかかえたりしてびっしりと寝そべっていた。外気は零下二〇度くらいの時にである。ほんとにみんな生きていくために頑張っているんだなと、こっちも励まされるのだ。

ウランバートルでは、四、五軒かの本屋さんを訪ねたほか、ホールのようなところに案内され、集められた本の堆積を見てまわった。ぼくがそこで目をつけた本は、あとで日本に送られ、国会図書館、アジア経済研究所、いくつかの大学で買われ、ぼくがほしいと思ったものはなくなってしまった。しかし、モンゴルの本のマーケットが日本にできて、ぼくはうれしかった。こんな国は日本をおいて他にないだろう。

ウランバートル滞在は四日くらいで切り上げて帰途につかねばならなかった。モンゴルのビザもソ連のビザも、それぞれ余裕の乏しい期限が決まっていたからである。

このウランバートル訪問は、専ら本の買いつけのためで、ぼくはナウカ社の代表として行った。

ナウカ社からはぼくの旅費と滞在費を出してもらった。二〇万から三〇万円だったように思う。これは、ナウカがモンゴルの出版物を輸入した利益でカバーできる金額をこえているはずだ。ナウカは利益を無視して、ぼくをモンゴルに行かせてくれたのであるから、ぼくはナウカに感謝しつづけていたのであるが、その三八年後、すなわち二〇〇六年に大変なことが起きた。

ナウカ社はぼくが学生時代から、手に入りにくい、中央アジア諸国からの出版物をさがしてもらったりして、ずいぶんとお世話になったのだが、その後、ドイツ語の出版物も熱心に扱うようになった。ぼくはナウカのいい顧客になったのである。

二〇〇四年、セールスに時々やってきていた片山さんという人から、折り入ってお願いがあります。株を買っていただけませんか。二〇〇万投資していただけば大変助かるのですがという話で、五〇〇株分二〇〇万円を貯金からおろして渡した。貯金の中でじっとさせているよりも、ナウカのために役立ててもらえればという気持ちだった。

ぼくが株を持ったのは、あとにも先にもこれがはじめてで、通知が来て株主総会というのに出たのもはじめてだった。池袋のどこかで株主とかが二〇人ほど集まって寿司を食べた。ただで出席して、寿司を食べて、お茶を飲んで、株主というものはいいもんだなあと思った。ところがそれから二年たって、裁判所から破産手続き開始通知書というものがとどき、それにナウカ社の弁護士から、「事業が困難な時期にひとかたならぬお力添えをいただきました皆様には、大変なご迷惑をおかけいたすことに」なった詫び状が添えられていた。何ということだ。これで虎の子の二〇〇万円は消えてしまったし、金を出せと頼んだ片山さんという人も二度と現れなかった。これでぼくはモンゴル行きに出してもらった費用の十倍も払ったことになった。

はじめてのブリヤート行き

ウランバートルからの帰路、思わぬ幸運が降って湧いた。往路、イルクーツクのイントゥーリストに、どうしてもブリヤートのウラン・ウデに行ってみたいと希望を出しておいたのだ。

その職員は、とても日本語を学ぶのに熱心で、どうしても日本語教育の長沼メソッドの教科書を手に入れたい。もし手に入れてくれるなら、何とか、ブリヤートに行ける手立てを考えてあげようと言った。長沼メソッドはたしかに聞いたことはあるが、どんな本かは知らなかった。しかし何とかしてあげようと思った。

ウランバートルからイルクーツクに帰ると、かれは、ウラン・ウデの科学アカデミーがあなたを受け入れると言っています。二泊三日だけだけどねと言ったので、ぼくは文字どおり小躍りしかねないほど有頂天だった。

イルクーツクのイントゥーリスト職員の思いがけない好意で、ウラン・ウデに飛んだ。いなかのバスの車掌さんのような感じのスチュワーデスさんが、何か手で、小粒の種を、殻を割っては食べていた。じっと見ていると、ヒマワリの種よ、食べない？　と言って、ひとつかみくれた。そのあまりにも打ちとけた感じに、ぼくの緊張感はすっかりとけてしまった。

ウラン・ウデは、当時はまだソ連の閉鎖都市ということになっていて、外国人は原則として、入れないことになっていたのだが、このスチュワーデスさんの「ふだん着」のもてなしに、すっかりあたたかい気持ちになってしまった。空からは、夕闇の中に沈んでいく街のあかりが明滅するかのようにまたたいて、ぼくを心から迎えているように感じられた。

空港から車で連れていかれたホテルには、「オドン」と書いてあった。ブリヤート語で「星」という意味だ。ロシアになっても、こうしてホテルにモンゴル語の名をつけるところを見ると、まだ民族は重んじられているなと感じた。

翌日ぼくは、ソ連科学アカデミー・シベリア支部、ブリヤート社会諸科学研究所というところに連れていかれ、これから講演してほしいと言われてびっくりした。そんなことになるとは思ってもみなかったので何の準備もなかった。あなたが今研究していること、それに日本のモンゴル学の状況、何でもいいから話してくださいと言った。

こう告げた人は、ツィデンダムバエフという言語学者だった。そのほか、シャマニズムの研究家ミハイロフ、口頭伝承の研究家ウラーノフ、ラマ教の改革運動という魅力的な本を書いた宗教学のゲラーシモワ女史、この四人が名を連ねて、この都市の閉鎖を破ってぼくの入国を引き受けてくれたのだ。

この研究所の講堂のようなところで、五、六〇人とも思われる聴衆の前で、ぼくは縄文から弥生時代における日本の古代文化の変化、その変化を起こしたと想像される北方ユーラシア文化の流入、それは騎馬民族が引き起こしたものと想像される――そして、古事記などに見られるブリヤート神話の要素などについて、どれだけ話が通じたかわからないが、モンゴル語で話したのである。

あとで考えてみると、ぼくはブリヤートで全く知られていない人間ではなかった。一橋大学大学院生の雑誌『一橋研究』第六号（一九六〇年）に要約を発表した、ぼくの修士論文が翻訳されて、ブリヤートの紀要に発表されていたからだ。この研究は、日本のモンゴル研究がほとんど知られていなかったソ連ではめずらしく、かの『ソビエト大百科事典』に、ぼくが若手の研究者として紹介されたのも、この紀要のおかげであったかもしれない。それ以降、ブリヤートの研究所とぼくは変わらぬ関係を保っている。

日本モンゴル親善協会のモンゴル行き（一九六九年）

国会議員団をモンゴルに派遣

モンゴル人民共和国は一九二一年に成立したとされる。しかしそれが国際的に承認されるには、第二次大戦後まで待たなければならなかった。最初に国交を持ったのは北朝鮮（一九四八年）で、西側ではまずイギリス（一九六三年）、それにフランス（一九六五年）が続いた。日本とは一九七二年のことである。

日本とモンゴルの間の交流のとびらを開いたのはモンゴル側からであった。一九五七年、モンゴル代表団は原水爆禁止世界大会参加のために、香港の日本領事館まで出かけ、二週間待ってビザを得て来日した。モンゴル語を学ぶ学生であったぼくは団長で作家でもあったダムディンスレンと知りあい、いくつかの集会にも出た。その席で、日本の国会議員たちの間から、親善協会をつくろうという話が持ち上がった。それが発展して、一九六九年に、親善協会が国会議員団を派遣することになった。ぼくはその事務局長、通訳という資格で参加した。モンゴル政府首脳との会談にも立ちあった。この会談の内容についてはいろんなところで書いたり話したりしているので、ここでは省く。

偶然だが、これは、いわゆるノモンハン事件から三〇年目にあたっていた。ソ連からこの対日戦勝記念行事に集まってきていた将兵たちと街で知りあい、かれらから多くのことを学んだ。これがきっかけで、モンゴル学の視野には入っていないけれども、極めて重要な歴史事件として、この「事件」の研究をはじめた。戦争のことはうんざり、知りたくもないと思っていたこのできごとについて、モンゴル側の資料をしらべ、新聞などに発表した。当時はまだ参戦した将軍や兵士が生きていて、ときに、かれらからひどく責められることもあった。

しかし八九年には、まず六月にウランバートルで、それから一か月ほどしてモスクワで、モンゴルとソ連に、日本を加えた国際シンポジウムが開かれ、ぼくはそのつど参加した。ぼくはもう言語学に閉じこもっているわけにはいかず、得意ではない、いわゆる戦史にかかわる部分もいとわずしらべねばならなくなった。

モンゴル、ソ連からは、どうして金持ちの日本で国際シンポジウムができないのかと責められ、ぼくは、じゃ日本でやってみせますと見得をきり、一九九一年に東京で実現することができた。その資金を得るために、日本モンゴル親善協会を実質的にとりしきっていた柳沢徳次と、『朝日新聞』記者だった白井久也の二人が尽力された。

シンポジウムは義理やダテではなかった。モンゴルを代表して来ていたプレブドルジ中将が、はじめて、この戦争におけるソ連の不実を明らかにしたのである。というのは、ソ連はモンゴルの主張するとおりに、満洲国から領土をとりもどし、国境線を回復すると約束しておきながら、それを実行せず、さっさと軍隊を引き揚げてポーランドに向けてしまったことである。こうしてソ連は、ヒトラーとポーランドを山分けし、第二次大戦がはじまったのである。

言語学者のぼくの書いた『ノモンハン戦争――モンゴルと満洲国』（岩波新書、二〇〇九年）は、一年足らずの間に一一刷まで出たが、この仕事はまだ完結してはいない。まだ書いておかねばならない問題がいくつも残っている。

プレブドルジさんとは、ウランバートルで会うたびに、「ウオトカをもう一〇〇《ゾーン》グラム」と注文し、おたがい何回もくりかえしていた。しかし数年前に亡くなってしまった。

三回目のモンゴル行きと北朝鮮大使館（一九七一年）

この年、第三回目のモンゴル行きを敢行した。往復だけで一週間もかかって、四日くらいしか滞在できないモンゴルを、もう少しきちんと見たいという気があったからである。そのために、ぼくは時間をかけて二、三年前から周到に準備した。

ちょうど五〇年前の一九二一年は、モンゴル人民革命軍が、ソビエト軍の支援を受けて、クーロン（今日のウランバートル）を解放し、独立モンゴルの基礎を作った、建国の年とされている。そこで、ロシア語、ドイツ語にも翻訳されている公式の革命史をも参照し、さらに公刊されている党史資料集で補いながら、はじめての公式革命史と、それにこの独立運動の指導者とされる、スフバートルの伝記を加えて、『モンゴル革命史』を刊行したのである。ここにスフバートルの伝記を加えたのは、オーウェン・ラティモアの *Nationalism and Revolution in Mongolia*, Leiden, 1955 が、後半部をやはりスフバートルの伝記で補っている方法に学んだものである。それに比べれば、ぼくのは一五年も新しいものだから、その分だけ、ラティモアよりはすすんだものでなければならないと考え、新しい資料による成果を盛り込み、いろいろと、批判的な注をつけた。たとえば、革命の綱領の一つに、革命達成の後には、「中国との連邦」を視野に入れている点が、公式の文書からは削除されていることなどを指摘して、モンゴル革命史研究の入口を示しておいたつもりである。

しかし当時、「モンゴル人民共和国」の歴史などに関心を持ってくれる出版社などほとんど考えられない時だったから、それを、ふだんはあまりおつきあいのなかった上原専禄先生のお家を訪ねて頼み込んだ。先生はこの仕事を評価してくださり、すぐに未来社の西谷能雄さんに電話して、出版するように説得されたらしい。

西谷さんには奥様も同行され、ぼくたちは横浜からバイカル号に乗ってナホトカに渡り、シベリアを経てモンゴルに入った。そして、三人でモンゴル平和委員会を訪ねて、訳書をモンゴル革命・独立五〇周年の記念として献げたのである。

西谷さんのモンゴル訪問には、この、国交もない、未知の国に入るという好奇心のほかに、じつは、かくされた別の目的があった。モンゴル平和委員会の訪問が終わると、すぐに三人で、北朝鮮大使館を訪れた。北朝鮮の駐モンゴル大使は、待ちかまえていたように、私たちの訪問を喜び、歓待してくれた。西谷さんが語るところによれば、未来社は、キム・イルソン（金日成）の著作集を英語で出版し、それを『ニューヨーク・タイムズ』に大きな広告を出して、かなりの利益を得たということである。未来社は、個性ある出版社として敬意を集めているが、他の同類の出版社同様、絶えざる経営危機にさらされていて、このキム・イルソン英文著作集が相当な成功をおさめたので、未来社は危機を脱することができた。そのお礼にこうして大使館を訪問するのだと話された。その時は、ぼくは、それにただついていっただけだが、西谷さんが帰国のために去られ、ぼくが一人になってから、北朝鮮大使、とりわけ大使夫人にたいへんお世話になった。

西谷さんは大急ぎで、もと来た道を帰られたが、ぼくはねばって居残り、今度は一か月ほど滞在することができた。その間に、北朝鮮大使館は、ぼくを大使館の車に乗せてはじめて草原に連れていってくださった。そのような自由は、国交のない日本人には許されなかったのである。草原では人参酒を飲んだ。

それだけではない。大使夫人が、たびたびホテルを訪れ、北朝鮮製のくだものの缶詰だの、それから手製の海苔巻きをとどけていただいたのは忘れられない。

北朝鮮は、ソ連以外では、モンゴル人民共和国を独立国として承認した最初の国である。それにもかかわらず、モンゴルと北朝鮮との間の交通は、日本と同様にやはり簡単ではない。ウランバートルからイルクーツクに飛んで、そこからピョンヤンへの飛行機は週一便しかないと夫人は話された。

　そして、食べ物が不便でしょう。私たちも野菜が乏しいので困っていますと言われた。たしかに、日本人と、食べ物が最も共通するのは朝鮮人だ。だから夫人にはそのことがわかるから、こんな差し入れをしていただくのだ。しかも鉄火巻きまで作っていただいて！　とはいえ、モンゴルでは、巻くためのまぐろなんてあるわけがない。羊の肉だった。これにわさびを使えば、かなりよかったはずだが。いずれにせよ、この心づくしの親切には、感激した。直接お礼を言いたかったのに、訪ねてこられたのは、いつもぼくが出かけて、いない時だった。ホテルの人に聞くと、とどけてくださったのは、いつも大使夫人ご自身だという話だった。大切にとってある、自ら漢字を書き込んでいただいた名刺には、大使の名は金明喆、夫人の名は金銀善となっている。読者の中で心あたりのある方はお知らせいただきたい。

　一九八六年だったか、ぼくが「友好の翼」というチャーター機で、名古屋からピョンヤン訪問に加わった一つの目的は、もしかしたら、あの時の大使夫人に会えるかもしれないという期待からだった。ピョンヤンでぼくは、モンゴルでの話をして、この人のことを調べてほしいと、いただいた名刺を出して調べてもらったのだが、「そんな人はいない」という返事だった。

　この機会に強調しておきたいのだが、北朝鮮にはほんとにいい人、善意でやさしい人が多い。いな、一口に言って純朴そのものといった人たちである。しかし――とぼくは考える。もしかしてこの純朴が悪政を支えているのではないだろうか。ちょうど日本人の純朴が、あの異様な戦争を支えたように。この問題をこれだけ多くの政治学者や社会学者がいながら、ぼくたちに説明してくれていないのはなぜだろう。

とにかく一九七一年には、モンゴルには日本の大使館はなかったから、手作りの鉄火巻きをとどけてくださった北朝鮮大使館は、ぼくの食べ物まで心配してくれた点で、日本の大使館以上に心強く感じられたのである。いな、日本の大使館は決してそんなことをしてくれるはずはない。

あの時の北朝鮮の大使夫妻は、国対国の外交のむつかしさとむなしさが、そして、その間にあってほんろうされる個々の人間の心情が感じあえたから、あのように遇されたのだと思う。

ぼくは何が起きようとも、北朝鮮のことを悪く言う気になれないのは、日々鉄火巻きをつくってとどけていただいた、北朝鮮大使夫人のやさしい心づかいを思うからである。

第四章　大学巡歴

東京外語を去って岡山大学へ

東京外語における大学紛争と山之内靖

一九六八年から六九年にかけて発生した大学紛争は、東京外語にも、かなりはげしい形をとって及んだ。この紛争の原因については、いまだ十分に解明されていないとぼくは思っている。もしも学生諸君が、大学に差別の根源を見て、大学そのものの役割を否定するというのならば、ぼくは大いに共感するが、決してそうではなかった。たぶん紛争の動機は大学ごとにさまざまであって、ひとまとめで論ずると、あの問題の本質を見ることができないであろう。

東京外語では、学生寮の自主管理の要求というのが大きなスローガンになった。寮の管理権の一つとして、入寮学生の選考権も学生に与えよというようなことも要求した。よくよく聞いてみると、大学の授業や研究条件の向上を求めているかと思えば全くそうではない。

ぼくが最も失望したのは、たとえばインドネシア語科では、それまで教えられてきた、オランダ語の授業をやめろという要求である。なぜなら、オランダ語はインドネシアを支配してきた植民地権力の言語だからというのである。この要求の理由は、学生が単にラクをしたい、外国語を学ぶ時間をなるべく減らしてもらいたいというのが動機である。

考えてみれば、東京外語の学生のかなりの部分が、一期校に入れず、こころならずも、外国語学習を主な目的とする大学に入らざるを得なかったという、みずからの不満を訴えていることになるのだから、つまり、大学のあり方と、かれらの要求との間にずれがあるのだから、かれらが東京外語にいることじたいが間違っていることになる。逆にもし、かれらを主体にして考えるならば、東京外語という存在そのものが誤っていることになる。とすれば、そのばあい学生がやるべきことは、みずからすすんで大学を去るか、その誤った存在である東京外語を解体して廃校にすべきだということになる。

しかしこのようなりくつをあらわに出すと、かれらを出口のない怒りに追い込んでしまうので、ぼくはそれをにおわせはするが、おだやかな表現に包んで話した。

かれらはまた、ぼくが国立大学の教員であることじたいが犯罪であるとも言った。だから、すぐに辞職する気はないかと責めてきた。ぼくは答えた。そのとおり、自分でもそう思う。しかしこうした犯罪的たちばに甘んじているのは、そうしないと暮らせないからだ。ところが君たちは、この学校に来なくてもいいのに、犯罪者の出した試験を、わざわざ奴隷的に受けて、かくも屈辱的に外語に入ってきたではないか、恥を知れ。退学とどけ一三〇人分を集めてきたら、ぼくもやめてやるぞ、と大見得を切ったこともある。なぜぼく一人の辞職が一三〇人分の退学とどけにあたるのか、自分にもよくわからないけれど、これはどの学生も問題にしなかった。

どうも外語という施設は、外国語を実用的に身につけるという、この退屈な苦役を引き受けねばならない運命を背負っているから、そこの学長になる人は、永遠にこの難問から逃れることはできないのである。

学生は大学を占拠し、研究室も学生が思うがままにすることになった。ぼくの研究室もその例外ではなく、自分の本も、また大学図書館から借り出した本も学生諸君が持ち去った。持ち去った本は雑本ではなく、ロシア語、ドイツ語などで書かれた、モンゴル学に関する重要な文献である。こういう本をねらってかれらが差し押さえたのは、その価値をよく知っているからであって、ぼくの薫陶のたまものである。かれらはこれらの本を押さえ、それを質にして、ぼくと団交（団体交渉）しようというのである。それで、ぼくは相手になるから、差し押さえた本のリストを出すよう学生たちに求めたところ、それに応じたのである。

教授会では、学生が奪った本の被害とどけを出すよう全教員に求めた。しかしぼくはそれを拒んだ。まず、学生を警察に訴えるのは気がすすまなかったし、何よりも単なる盗難による「被害」ではなく、本を持っていった学生たちの名がはっきりしていることである。だから、被害ではなく、いずれ交渉によってとりもどせる見通しがあるから、「被害とどけ」という概念にはあてはまらないと説明したのである。教授会はそのようなぼくの態度を見て、犯罪者をかばい、加担するものだとして非難したのである。

このようにしてぼくが苦境に立ったその時、山之内靖が行った演説のみごとさにぼくは唖然とさせられた、生涯忘れられないものである。いわく——

田中は申し分なく勤務し、研究室では模範的に研究を行っていた。その研究室に学生を侵入させ、本を奪うに至らせたのは教授会だ。教授会が田中の研究室における生活を保障しなかったのは教授会の責任であるから、それを全うしなかった教授会をぼくは告発します云々と。

ものすごい論理だ。ぼくはただただ賛嘆するのみであった。こういうりくつが言えるのは、東京外語では山之内靖をおいて、他には誰もいなかった。

ぼくはあの時の学生諸君を信用しない。かれらの大部分は、外国語の授業と学習の負担の多いことをうらみ、それをなるべく軽くすることに主な関心があった。こんな学生とはやっていけないし、また、学生がそのようにならざるを得ないのは、大学のあり方そのものに問題があるからだ。大学も学生も、ぼくを求めていない。だから、その数年後にぼくを求めた岡山大学に、ぼくが移っていくのは自然なことだった。

江実《ごうみのる》先生の殺し文句——ヒトラーとスターリンだって？

東京外語に九年間（内、二年間はボン大学で過ごす）つとめた後、岡山大学に移り、そこで四年間を過ごした。この四年間は短かったけれども、ぼくの大学教師生活の中でも、最も多彩で変化に富み、充実したものであった。

どのようなきっかけと理由で、岡山大学に移ることになったかは、何よりも、モンゴリストであり、そこで言語学を担当しておられた江実先生の強いお誘いによるものであった。

その頃、ぼくは片瀬海岸の、そこから江ノ島の見えるところに住んでいた。江先生は、ぼくのところからモノレールで山の上に登ったところに住んでおられた。岡山大学が定年になった後、そこに住まわれたのである。先生は、その山の上から、モノレールに乗って、片瀬海岸のぼくのところに降りてこられたのである。

先生の手には一枚のはがきがにぎられていた。あんたはわしに、昔こんなひどいはがきを書いた。おぼえておられるかと。それは、ぼくが修士論文を要約して、一橋大学大学院の院生報に発表したものに添えたはがきであった。

その内容は、先生が満洲語版からお訳しになった一七世紀モンゴルの年代記『蒙古源流』に利用されている典籍が六つではなくて、七つであることを指摘したものであり、そのことを書き送ったはがきである。先生は、あんたはわしにひどいことを書いた。だから、どうしても、空席になっているわしの後任に来てほしいのだと言われたのである。

江先生にお会いするのは、これがはじめてであるが、先生のこうした切り出し方、そのふるまい方には、相手に有無を言わせぬところがあった。岡山大学ではよく知られた江流《ごうりゆう》である。

あるとき、鎌倉山にある檑亭《らいてい》というそば屋に連れていかれ、あんた、よう考えられたか、岡山行きを？　そして、その時「スターリンとヒトラーだって手を握ったではないか」と、こう言われたのである。かつて村山先生が、ぼくに論文を書かせようとしてレーニンの名を持ち出されたように、今度は江先生がスターリンを持ち出されたのだ。ぼくはよほど、左翼、ソビエト主義者だと思われていたらしい。しかし今度の説得に持ち出されたスターリンとヒトラーは、ぼくと江さんとの、どっちがどっちだったのだろう。そんなことを考えさせる余地もなく、こうした意表を突く発言が江流であって、先生は、こうしたやり方で、多くの学生の心をつかんでおられたらしい。

ぼくはぼくで、この誘いに心を動かす理由があった。一つは、農学部も医学部もある総合大学に一度はつとめてみたかった。ほんとのモンゴル学をやるには、モンゴルの草原生活の基本が扱える酪農や、また砂漠に果樹蔬菜《そさい》を作ってみるという夢を実行に移すには農学部が必要だし、風土病の研究には医学部が必要だ。これらの力を綜合して、一大エクスペディションを編成してみたかったのである。

それからまた、ぼくの子どもたちの母親が、常に病気がちだったので、温暖な気候に恵まれていること、また、大学が医学部をそなえていることによる便宜も受けられるのではないかという考えもあった。また、母親が病気の時、二人の子どもを連れて学生食堂に行けば、ぼくの家事も軽減されるのではないかという、研究上の野心と、切実な家族生活の問題と、いろいろ有利な点をならべて岡山行きを考えてみた。

そこで、何よりも、亀井先生に相談してみた。それに対して先生からは奇妙なはがきが来た。渦巻き状に通信文が書いてあって、よくはわからないが、言語学で頼まれたのだったら、どこへでも行きなさいという意味にとれた。

岡山へ行く決心をする前に、江先生からは、一度岡山大学なるものを見に来いという誘いを受けた。その年、大阪から岡山まで延長したという新幹線に乗って、夕方六時頃着いたように思う。駅から直接連れていかれたところは、名前はよくおぼえていないが、香港とかいう、ナイトクラブのようなところだった。指示された長椅子にすわると、両側からと前からと、どっと三、四人のおねえさんたちにかこまれた。疲れきっていたため、おねえさんたちのやわらかい体の温もりで気持ちがよくなって、すぐに眠ってしまった。

江先生からの、あんたは何という男だ。こんなにいい女たちを集めておいたのにすぐ眠っちゃうなんて、という罵りことばが聞こえたが、何しろ、家をあける前に、子どもたちのために、食事をはじめ、いろいろと支度をしておかねばならなかった。彼らのお母さんは、半ば昏睡状態だったからだ。ぼくは江さんのように、家庭に何の心配もなく、自由にふるまえる人を憎む気持ちがあった。江さんの接待の心づかいはうれしかったが、それどころではなかった。はっきりわかったことは、江さんが、こんなにまでして、ぼくを岡山に連れていきたかったことだ。


ぼくが岡山大学に所属することになっていたポストは、国語・国文学科の、言語学担当助教授だった。この講座には国語、国文のそれぞれに教授、助教授各一、計四名があり、その谷間のような場所に、むりやり言語学のポストを作ったのは、江さんの並々ならぬ政治力であった。江さんは、いわば、国語国文から助教授のポストをもぎ取って言語学専用の教官ポストを作ったのだ。ただしこの言語学専門の助教授ポストは助教授に固定されていて、定年まで万年助教授というものだった。江さんは、そういった事情を説明すると同時に、「どうじゃ、あんたは、ここに言語学の講座を独立させる以外に教授になれる方法はないんじゃ。それにあんたは、東京に二度と帰れんように羽が切ってある！」とぼくの両腕を肩から切り落とす身ぶりをされた。これは、ぼくが定年に至るまで、江さんの執念のポスト、言語学を守ってほしいという切なる念願の、江さん独特の表現であった。

ぼくは万年助教授で教授にならなくてすむのなら、責任も軽くて、勉強に専念できていいと思った。聞かされて、そうかと思っただけで、ぼくは、地位だのそんなことはまったく関心がなかったのである。

ぼくは、ここ岡山ではじめて講座制というものを知った。講座とは、教授一人に助教授一人、それに助手が一人ついて構成される単位のことであり、これが正規の大学の最少限の構成単位である。国語と国文はそれぞれ一講座で、併せて二講座になる。それにもう一つおまけのついた教授陣五人のところに学生定員は一二人くらいというぜいたくさで、ほとんど女たちであった。たまに男が一人、二人入ってきて、小さくなっていた。なぜ女ばかりだったか。岡山では、娘たちがどんなに東京の有名女子大学などに合格しても行かせないで、地元の国立大学にとどめておくという風習があった。かれらは、大きなぶどう畑などをいくつも持つ大地主の娘だとか、それぞれに資産家で、東京滞在中にうっかり虫がついたりして、家をつがなくなってしまうおそれがあったからである。

それに対して、東京外語のような専門学校タイプでは、学科目制と言って、学生定員に従って、教員数が決まっていた。そこでの教員は、研究者ではなくて、あくまで、学生を教える要員であるから、予算をはじめすべては学生定員に依存しているのである。

講座制では、教授陣は、研究者であり、学生定員のいかんにかかわらず、その地位は保障されていた。だから、天文学とか考古学とかなど浮き世ばなれした講座は、たとえ学生が一人もいなくても、研究が続行されていれば教師の地位は保障されていて、消滅の危機はないのである——以上のような、ぼくの理解には不正確なところがあるかもしれないが、岡山大学に行ったことではじめてわかったことである。

江実氏が定年をむかえられた岡山大学で、その後任が一年以上空席になっていた理由を江さんはこう説明した。二三人だか二五人だか、候補を決めて教授会に出したのだが、かたっぱしから否決された。それで田中克彦に白羽の矢が立てられたというのである。

ところがぼくのちょっと前に島根大学から移ってこられたという、国語学で訓点本研究の第一人者とされる大坪併治――この「併」は、お生まれになった年に日韓併合があり、それを記念してつけられた名と説明される――という教授に、ぼくの人事はそんなむつかしかったのですか、とうかがったところ、話は全くちがった。「なあに、ゲバ学生が棒をかついで、数十人、教授会めがけて突進してくるのが窓から見えたので、はやく採決しましょうと言って決まったのですよ」と説明された。このように、同じ一つのできごとでも、話を別の人にさせると、違っていた。大坪さんは、国語から一人分のポストをもぎとって言語学に充てた江さんの所業が憤懣やるかたなかったらしく、そのようなお気持ちも手伝って、こうした説明になっていたのだろう。そこにはまた、堅実な文献研究でかためた国語学に対して、実質のないへりくつだけでごまかしている言語学への敵意もまじっていたであろう。江さんが、自分の意見が認められないと、教授会の席でいきりたって、ステッキをふりまわし、天井の電灯を割ったこともあると聞いたが、ぼくは、それは十分ありえたに違いないと信じた。

江さんは年をとっても筋骨たくましく、オリンピックで陸上の選手の候補にあがった人とも聞いた。江さん同様に、やはりオリンピックの候補にあがったのは、図書館長で仏文学の杉富士雄さんで、オック語の大家と言われるこの方からは、実に多くのことを教えられた。後に一橋大学に移ってからも、ぼくをさそって、『昆虫記』のファーブルの家や、ミストラルの生家などに連れていってくださったのは杉さんだった。杉さんは、このミストラルやファーブルを生んだ小さな町マイエンヌの名誉市民だった。

岡山大学への赴任

岡山大学へはもちろん家族あげての赴任だった。東京から七〇〇キロほどと言えば、ドイツで言えば、ハンブルクからミュンヘンに移るようなものだった。そんなことは、ドイツではふつうだった。東京の大学にしがみつくような、奇妙な風習はないことを、ぼくはドイツで学んだのである。ぼくの本もすべて段ボールにつめて岡山の研究室に移した。その数、六四個で、全部研究室に収まった。作業をやってくれた、用務員のおじさんたちは皆ほんとにいい人たちで、引っ越し作業をずっと手伝いながら、岡山とはどういうところかを説明してくれた。

先生、岡山ってところは人が悪いでっせ。隣の家が火事になったら、気の毒がっているふりしながら、心の中では手を打って喜んでいるような人でっせ。というのだった。しかし、その後の経験で、岡山人には、みずからこのように悪しざまに言う好みを持っている人がいて、じつは、とてもいい人だと知ったのである。むしろ悪くしているのは外から来た人だと。

ぼくが研究室へ本を運ぶ様子を観察に来られた江先生は、「あんたそんなに本持ってちゃ、勉強はできんなあ」と言った。江さんには、このような逆説を弄されることが多いけれども、これはかなりこたえた。一面の真理はある。本に頼っているうちは、真の勉強とは言えないということを、もっとおだやかに、静かに語られたのは、東京外語の時の徳永康元先生だ。類のない蔵書家で、第二次大戦でブダペストの地下だかに置いてきた蔵書が戦後、ブダペスト大学に引き取られて、大学復興の基礎となった。日本に帰ってからも本は生き物のように増えつづけ、家も普通の入口から出入りができなくなり、訪ねていくと、いつも窓から出てこられたあの徳永先生が、ぽつりと言われたことば――学者のねうちは、かれから本を奪ったときにきまる――と。

あの頃はぼくはまだ三〇代末の若さだったけど、こうして八〇過ぎると、そのことがよくわかる。最近も一〇万冊も本を持っているという評論家の話が新聞に出ていたが、こういう人の仕事はうすっぺらで信用できない。とはいえ本がまったくなくてはどうにもならない。

岡山警察署にて

岡山大学に移った最初に、忘れられないある経験をしたことを記しておきたい。運転免許証――これは、長男が生まれたために、当時いなか住まいだったぼくがやむを得ずドイツでとったものだ――の住所の書き換えのために、岡山警察署に出頭した。受付に二〇歳を出たばかりの若いお姉さん、婦人警官が現れたので、その旨を告げた。

彼女は免許証を見ると、やおら、こう言った。――かわいそうに、東京でなんぞ悪いことでもしんさったたん？　東京にはおられんような。

ぼくは、そうでもないんだけどと答えるしかなかった。

今はあまり聞かれないかもしれないが、「都落ち」ということばがあって、東京だの、それだけではない、大都市から地方に仕事か何かの都合で、とりわけ左遷されて、心ならずも住み替えることをそのように言った。ぼくの岡山行きが決してそうではなく、自ら選んだ道であるから、むしろ、希望に満ち、意気揚々たるものであったことは、これまでのところを読んでいただければわかっていただけるであろう。

では、この若い女性警察官の発言がけしからんと、ぼくは怒っているのではない。逆に、何という、すなおないい性格の人であろうかと、すっかり好意を、さらには岡山県警にも好意を抱いてしまったのである。しかし間もなく、車で大学の門を出て、公園沿いの大きな通りに出たとたん、スピード違反でつかまってしまったから、この好意は決して警察全体に及ばせてはならない、好意はあの若くういういしい女性警官にだけとどめておくべきであることを知ったのである。

これも岡山に移ってしばらくしてから読んだものの中に、多田道太郎さんが「いなかの学問より京の昼寝」などというひどいことばを書いていた。くそまじめにとれば、岡山大学で孜々《しし》として励むより、京都大学で優雅に昼寝している方がより学問がすすむという意味になるが、そんなことがいい気になってうそぶかれるようであってはならないのである。こういうセリフを吐くのも、京都の文人気取りのいやらしい気風か。

岡山にいるわずか四年の間に、ぼくは大切な二冊の本が書けたのである。一つは『言語の思想——国家と民族のことば』（NHKブックス、今は岩波現代文庫）と『草原の革命家たち——モンゴル独立への道』（中公新書）である。東京外語では決してできなかった仕事である。それは大坪併治大先生が、ぼくのような未熟なちんぴらに、大切な一年生の授業など持たせてはおけないというので、大学院と学部の授業、あわせて三コマしか持たせなかったからである。この方針は全く正しい。入門的な授業ほど老練な教授が担当すべきで、大学院などは、先生が少しくらい力不足であっても、ほっておいても学生は自ら学ぶはずだからである。

岡山大学法文学部とはどういうところか

岡山大学は旧制第六高等学校（六高）、岡山医科大学、岡山師範学校、岡山農業専門学校などが合体してできた新制大学であった。そして、この六高を母胎に法文学部ができたのである。法文学部は、私が岡山を去った後に、法学部、経済学部、文学部に分離したが、それまでこの三つの学部間が複合していたから、多様な専門の教員たちが議論をはじめると、簡単におさまらない、興味ぶかい教授会であった。

それぞれの専門の教授たちが、自分の専門での常識を一般化して他の専門の人たちが行っていることを自由に批判しあうことこそ、大学には必要なことであって、むしろぼくの趣味に合っていた。他の専門領域が直面している「特殊事情」などというものを認めないのである。だから、議論はとめどなく続く。とりわけ大学紛争が頂点に達した頃は、深夜二時頃まで議論が続き、教授会のある日は、みなさん、タクシーで帰る決意をもって会議にのぞんだという話である。ぼくが赴任した一九七二年頃には、そういうことは稀になっていたけれども。

東京外語のような、外国語の専門に分かれているところでは、ドイツ語の教師が、この人は、このようにドイツ語の知識がすぐれていると言えば、その採用人事は、他の言語の専攻の人たちの口をはさむ余地はない。先に述べた、ぼくのモンゴル語教師への採用に、全くの門外漢の金田一春彦が反対したなどというのは歴史に残る例外だったにちがいない。

しかし岡山のような法文学部にあっては、皆が、他の専門領域も自分の理解と関心の範囲内だと思っているところではそうはいかない。とりわけ哲学などは諸学の父だと任じようとすればそうできるし、事実、この先で述べる安藤孝行《たかつら》さんのような人が口を出せば収拾のつかない大議論に発展する可能性を常に秘めているわけである。

各派入り乱れて

議論の基軸は、学問的な専攻によってのみ分かれるわけではない。そのほかに政治的信条のちがいのようなものも、多大の影響力を発する。特に紛争後は、左翼、右翼、中道というような単純なものでなく、左翼の中にも、いわゆる代々木派ふうなのと、新左翼の派閥を代表しているような人がいた。とりわけ、ぼくが赴任したのは、学生間で殺人事件が起きた直後だったので、いっそう事情が複雑だった。ぼくは普通は、責任あるたちばには選ばれないはずなのだが、ここでは学務委員というものをやり、仕事はじめにまず、学生を殺害して、砕石場に埋めたという容疑で刑務所に入れられている女子学生を訪問した。ぼくのこの行動は、いわゆるヨヨギ派の人たちの強い注目を浴び、あいつは、あやしい派の人間だということになったらしい。

その一方で、ぼくは学識あふれる杉冨士雄さんに呼び出されて、しばしば図書館長室にあそびに行った。杉さんは極めつきのウヨクという評価になっていた。すると、あの田中ってやつ、杉のところに出入りしているという通報が、その派のリーダーのところにとどくというあんばいであった。少しわずらわしくはあったが、ぼくは法文学部のこの活発さを楽しんでいた。

杉さんはその頃、ミストラルの『プロヴァンスの少女――ミレイユ』をはじめてプロヴァンス語から直接訳で岩波文庫に入れるという仕事（刊行されたのは一九七七年、ぼくが岡山を去った翌年）をなさっていて、その点ではモンゴルをやっているぼくには、心から共感できる人だった。ぼくも杉さんも二人とも民族主義的で、この点で分類すれば反マルクス主義的だった。古典的マルクシズムから見れば、プロヴァンス語の復活などというのは反動思想の極みであるからだ。

杉さんはぼくの書いた『言語の思想』をよく読んでくださり、さっそく、「田中さんアルサスはいけませんよ。あれはドイツ語の影響でか、アルザスと言うんですよ」と教えてくださった。日本でアルサスと言う言い方がひろまっていたのは、むしろ英語の影響だと思うのだけれども。いずれにせよ、図書館長室で、こんなたわいもない話をしているのが、ウヨクとの密談と思われたらしい。

もう一つだけおかしい話をつけ加えておきたい。法学関係の論文の末尾に、必ずといっていいほど、「ワルター・ウルブリヒト万歳！」と書いて結ぶ人がいた。菊井礼次という人で、屋上を開放して催された夏のビール・パーティーでぼくに話しかけ、あなたの思想はヘンだと言った人である。ほんとに善人であるこの人を、「おまえはバーで女をなぐって訴えられたじゃないか」と教授会の席で面罵した刑法の教授がいた。この人は男の子が二人とも東大に入ったんだと皆がおそれてうわさをしていた。

こういう話を書けばとめどなくなるが、季節季節に屋上を開放して、ビールを飲み、めちゃくちゃな議論の場を作ったのは教職員組合であった。組合の組織率は九〇パーセントをこえていた。岡山大学は瀬戸内海の島に農場や保養所を持っていて、組合が主催して、そういうところによく旅行した。いわゆる用務員さんたちも一緒で、この人たちとよく飲み、よく歌い、いろんなことを教えてもらった。だから岡山大学を去る時は、ぼくは申しわけない裏切り者のような、後ろめたさを感じたのである。

岡山大学教職員宿舎

岡山大学のキャンパスは北海道大学に次いで大きいのだと聞かされていた。キャンパスの広さといっても、その計り方でちがってくるであろう。新幹線からも見える裏山は、農学部の演習林になっていて、それを端から端まで一度歩いてみたが、二時間以上はかかる。

何よりもおもしろいのは、教職員宿舎で、相当におんぼろであるが、ゆったり建ててあるので、みなさん、そこに悠々と、まるで山小屋ぐらしのようなあんばいで住んでいた。

東京から岡山に赴任するにあたって、何人かの先生たちを紹介された。その人たちは、ほとんど理学部の人たちで、皆、ひんぱんにたがいの家と家とを往来して、議論していた。どんなに夜おそくまでビールを飲んでも、教室も研究室もすぐ目の前だから、あわてることはなかった。

赴任して間もなくのこと、政治学が専門だという先生のところを訪ねた。大きな掘りごたつがあって、奥さんに、どうぞどうぞ、こたつの中に足をおろしてくださいい。先客がいますけれども、と言われて、そのようにすると、足にごろっとさわるものがある。掛け布団をあげてみると犬だ。それも四匹ほど入っている！　寒いとみんなこうして入ってくるんですよという奥さんの話だ。

キャンパスは広い。それをぐるりとセメントの塀が囲んではいるのだが、それでは、外からの投棄は防げない。犬猫のみならず、布団やたたみまで塀越しに投げ込んである。車に積んできてそうするのであろう。しかも、塀に沿って竹やぶや灌木の茂みもあるから、そんな大きなごみを捨てても目立たない。

こうして捨てられた犬たちを心やさしい先生たちは、難民をかくまうようにして家に入れてやるのだ。ぼくの家も、こうして二匹の犬を飼うはめになり、後日、一橋大学に移るにあたっては、キャンキャンとワンワンという、この何も工夫のない名の二匹の犬を乗せるための車を買って東京まで持ってきたのである。子どもたちの母親は、病身を押して、この犬たちの散歩のために涙ぐましい努力をはらったのである。

メアリーさんという英語の先生は、ついにこうして、五〇匹ばかりの犬を飼うことになった。当然、大学からも、近所からも苦情が舞い込む。そのメアリー先生の投書が新聞に出た。私は間違っているのでしょうか、では捨てた人は正しいのでしょうかと。

大学のおんぼろ宿舎の住人は、その住まい方だけでなく、心も自由だったのだ。自由な家は人の心も自由にし、不自由な家は、人の心も不自由にするのである。定年になると、当然、屋根のすみから星がのぞいて見えるような、そんなオンボロ屋を出て、自分で家を建てる。その家は、なつかしのオンボロ屋とそっくり同じに建てたという先生の話を聞いた。

岡山大学はもともと日本軍の基地だったというのを、学生と教授がそこに交替で寝泊まりして占拠し、米軍司令官の奥さんに、和服の帯だのをプレゼントし、いわばワイロによって手に入れたという話を聞いた。こういう野蛮さも、ぼくは心から気に入った。

よく話題になったのは、戦後、新制大学ができたときに、広島大学が岡山にそれを設けることに強く反対したということである。広島と大阪との間に大学なんかいらないとかれらは主張したというのであるが、岡山の六高（第六高等学校）の先生たちががんばって、たたかいとったたまものだと言うのである。この伝説が史実とどれだけ同じであろうと異なっていようと、伝説はたいせつにしなければならない。史実は紙の上にしかないが、伝説は人々の心の中に生きているからである。

岡山大学モンゴル農牧総合調査

すでに述べたように、ぼくが岡山大学に移ったのは、単に江さんに説得されただけでもなく、子どもたちの母親の心身状態のためだけでもなかった。それはもちろん無視できない要因ではあったが、それ以外にも、学術的な野心があったからである。

それは農学部と医学部に話しかけてさそいこみ、モンゴルへの一大学術探検を行いたいという下心があったからである。これには、病身だった子どもたちの母親も関心を持って、いろいろとアイディアを出した。

ぼくは、『モンゴルの温泉』という、かなり分厚い本を手に入れていた。それはモンゴル全土にわたった温泉の調査報告で、そこには九二度の熱泉の出るところがあると書いてあった。ぼくはこの、シルクロードの歴史に名高いカラコルムの近くに出る熱泉を使って、ハウスを設ければ、イチゴだって、輸入せずにとれるはずだと考えた。それから何よりも、梅棹忠夫さんが戦前内モンゴルでやった酪農業の調査を、外モンゴルでもやってみたいという考えだった。ただし、あれよりはいくぶん発展した方法で。外モンゴルはソ連がその種の大規模な調査をやっている。ぼくはそれらの成果を綜合したかったのだ。

ところが、当時農学部長だったか、あるいはそのような勢力をふるっていたのは、長堀金造だった。長堀さんは土壌学が専門だ。だから、おのずと、土壌の調査へ関心が向けられていった。もちろんそれも大切である。土壌は、牧草の質、栄養価を決定するから、欠かせない研究対象であるから。しかし、あまりにも、そっちの方へ偏っていってしまった。

ぼくの見るところ、学部単位でこういう計画がはじまると、研究対象よりも、組織をするための人脈を中心とする利害の面が浮き上がってくる。それはある程度やむを得ないとしても、あまりにもはしたないと思われるほど、その面が歴然と浮かび上がってくるのである。しかしぼくは、この調査は何度か重ねてくりかえすべき性格のものだから、さしあたっては長堀さんの言うとおりでがまんすることにした。それにしても、ぼくが考えたイチゴの栽培にかかわる蔬菜の部門は除外されてしまった。かんぐって考えると、蔬菜や果樹の教授を仲間に入れても、長堀さんが学部長になるための票にはつながらなかったからである。しかしかんじんの酪農の方はうまくいきそうだった。

こうしてかなり大規模な、四年、四回にわたる調査計画ができあがり、文部省から科学研究費が出ることにもなった。ところが、ここに予想もしないつまずきが生じた。

当時東京外語の学長になった、日本モンゴル学会会長の坂本是忠が反対しているというのである。この計画を最終的に認める条件として、田中克彦をメンバーからはずせということになっている――こう報告したのは、長堀金造である。

岡山側は、それでは発案者である田中にあまりにも申しわけないから、第一回だけ参加させ、その次からは東京外語のH君に参加させるという提案をのみ、そこでHを通訳としてつけたというのである。

坂本是忠のこのような妨害は、あの人ならではの、身も蓋もない率直さの現れで、啞然とさせられるものではあるが、あの人ならばああいう手に出ても当然だと十分になっとくできるものである。外語での大学紛争のうらみ――ぼくが反乱学生の側についたという――と、岡山大学が企てた画期的なこのプロジェクトを東京外語が横取りしようという、このむき出しの欲望とが一つになったのである。

H君はぼくが教えた学生であったし、また、ぼくが岡山に移ることによって空いた席を襲った者であるが、この計画の継続者として、ぼくに一度も引き継ぎの相談をしなかったし、当然、ぼくが考えたように、調査がすすむはずはなかった。

日本の大学では、せっかくこのようなプロジェクトが成立しても、学術よりも先にこうした利権によって私物化され、せっかくの目的が崩れてばらばらになってしまうことは決してめずらしいことではないと思われる。ぼくが立てたあのすばらしい理想的な計画は、坂本是忠と岡山大学農学部の野合によってずたずたにされてしまった——とぼくはこう考え、いまもそう考えているのである。

この調査で経験した忘れられないできごとを一つ記しておきたい。モンゴルの受け入れ当局が、おそらく伝統的草原生活をいとなむ牧民の模範例として紹介してくれた一家を訪問したときのことである。

ゲル（包）の奥の上座にあたる場所には、伝統的には仏像や仏画が置かれるところであるが——いまはほとんどダライ・ラマになっている——、社会主義のもとでは、そこにはモンゴルかソ連の指導者の絵が置かれる。これが模範家庭の証明である。

しかしぼくがそこで見たのは、日本の天皇とスターリンの写真であった。いずれも新聞から切り抜いたものであった。どうしてここに二人の写真を並べて置いたのかと聞いたところ、この二人は世界で一番えらい人だからと、その家の主人はこたえた。一九七〇年代のことで、これはふしぎな経験だった。

岡山大学に言語学講座ができる

ぼくは、組織としての大学には、在職した四つともにほとんど何も貢献しなかった。といって、それを自慢しているわけでもなく卑下しているわけでもない。大学には、そういう、行政（運営）とか管理で手腕をふるいたい人間が相当にいて、その人たちのおかげで研究生活が続けられているんだと感謝はしているが、といって、大学がそうした人だけでも困るということは誰にでもわかるはずだ。そうした業務に大学教師の本命があると思わないから、単に関心が持てないだけである。東京外語の紛争中に、中嶋嶺雄が勤務評定法を考え出した。教員の評価は、管理、教育、研究と三つの領域に分け、それぞれを三分の一とし、研究には極めて低い評価しか与えなかった。こういう人は、根っから、学長になるために大学につとめているような人である。

そういうぼくにとって、岡山大学は唯一の例外である。言語学の講座は、一九七〇年頃の日本の国立大学には五つか六つしかなかった。それは皆、権威ある有力大学であった。岡山大学は、ぼくの赴任によって言語学の講座を持つようになった最後の大学である。

しかし、それは、ぼくの功績ではない、江先生が、すべての下準備をととのえてから、ぼくに譲り渡されたのである。大学が文部省に提出する申請の重点項目として、岡山大学では、工学部の自動車工学と、法文学部の言語学講座が争っていたのに、大学当局は、自動車工学をおさえて、言語学を最優先とするという、予想外の驚くべき決定をしたのである。こうして、助教授一人のみという言語学が、国語・国文学から独立し、教授を戴く、正式の講座として再出発したのである。そうしたことはぼくの知らないところでどんどん進められていた。ぼくがそんなことを知ろうともせず、「無欲」であったことが、かえって支持を得たらしい。

ぼくが東京外語から岡山に移った、ちょうど一九七二年に、日本とモンゴル人民共和国との間に国交樹立が実現した。このために、ぼくは東京外語時代に大いに献身した。そのことはすでに述べたとおりである（二二九ページ以下参照）。しかし、ぼくはその果実を己がものとせずに岡山に移ったのはもったいないと言う人たちがいた。ぼくや何人かで作った親善協会は、知らないうちに他の人が手中にした後、まったく学術色を捨てて、政治家の手にゆだねられて今日に至っている。いや、ほんとうは、こんなもうからない仕事を引きとってくれた政治家たちに感謝すべきであろう。

それはさておき、この七二年に初代大使としてダンバダルジャー氏が赴任した。この人は前任地がイギリスで、英語もできるし、ユーモアもあった。ぼくはこの人を岡山に呼んで講演させ、大いに日モの交流を盛んにしようという心算だった。岡山を地盤とする農業関係の企業からお金を集めて、映画会、講演会と盛大なイヴェントをやった。この成功を、ぼくの農牧総合調査に発展させるというねらいだった。

岡山大学も、やっと国交のかなった、めずらしい国の大使が、日本の最初の訪問地として岡山を選んでくれた、それというのも田中というモンゴリストがいるからだというので、ぼくと言語学の存在が、あらためて注目されたのである。そしてこのことが、ふだんは目立たない言語学という存在に脚光を浴びさせることになったのである。ほんとうは言語学とは直接関係はないが、間接的には、世界にある、ふだんは気づかれない小さな言語と、それを話す人々の存在を教えてくれるという効果はあるのである。

言語学講座と教授人事問題――竹内和夫さんの件

岡山大学に言語学講座を設けるという江実先生の念願は、一九七五年になってやっと実現された。言い換えると、法文学部の日陰者であった言語学に教授のポストがつき、独立の講座になったのである。皆は当然、ぼくがその椅子にすわるであろうと予想したのである。

しかしそうはしなかった。亀井先生から、岡山に行っても、決して教授にはなるなという厳命があったからである。そこで教授は、全国の大学に向かって公募することになった。言語学では職がなく、あぶれている人が多かったから、この人事は注目を浴びた。

若くて一騎当千の人も応募者の中にあったが、しかしぼくの上に教授として来る人は、ぼくより年齢が上でないと、教授会は認めるはずはない。いろいろ案じた結果、トルコ語が専門の竹内和夫さんに応募してもらうことにした。竹内さんは当時、東京都葛飾区本田中学の英語の先生であった。

ぼくがなぜ竹内さんを知っていたかと言えば、小沢重男先生の家で、東京外語蒙古語科の、ぼくにとっては先輩として紹介されたからだ。竹内君はなかなかものを言わない人で、こっちが口を開かねば一時間でもそのままだまっている人だよという話で覚悟していたから、それほど異様な人とも思えなかった。そのうちに、中学の英語の先生をしている竹内さんの家に通って、ウイグル語やウズベク語の勉強をするようになった。ウイグル語もウズベク語も、カザフ語、タタール語などとともにトルコ語とは方言関係にある言語で、これらをまとめてテュルク諸語と総称するのであるが。こうしておつきあいするうちに、竹内さんのテュルク諸語への学識が並でないことを知るようになった。

ぼくは自らが昇進しないで、竹内さんを、しかも中学から上司として招こうというので、ちょっとしたさわぎになった。

哲学の安藤孝行

竹内さんの業績の数はたしかに多くはなかった。原トルコ語の母音の長短についての論文が二、三あるだけだった。数は少ないが、大変すぐれたオリジナルなものであると、ぼくは学識を傾けて解説した。それでは足りないと思ったから、そのちょっと前に出た『トルコ語文法入門』をあげて、一三〇ページあまりのこの小さな本で、トルコ語文法の全貌がよく見渡せており、何なら、これでトルコ語をやれば一か月でわかるほど、よく書けている文法ですと、ぼくとしてはほめちぎったつもりだったのだが、思わぬ反応を見せたのが哲学の安藤孝行だった。かれいわく、「そんな簡単にわかる言語は、どうせろくでもないに決まっているし、しかもその文法を簡単に書いてしまうなどという人は、とても学者とは言えない」というものだった。ぼくは、記述言語学の方法と原則について雄弁に述べたつもりだったが、まったく逆効果だった。安藤さんとぼくとの議論は、サイエンスと哲学との対立にかかわるもので、ぼくは、この憎き安藤めとの争いを、半分は相手に共感しながらたたかっていたのである。こういう興味のつきない議論ができるのも、さまざまな専門の人が集う法文学部のような複合学部であってこそだ。

ぼくは安藤さんとは比較的仲よくしていて、かれの、ハイデガー『存在と時間』をドイツ語原典で読む授業にも特別に出ていた。もっとも、あんな読み方で、なかみがわかるんだろうかと思うような読み方だが、学生は一五人ほど出ていた。これも、ぼくが岡山の学生はえらいなあと思う理由の一つだった。

それよりも、竹内さんは大学の教師に適さない。そもそも、大学を出てずっと中学の先生をしていたような人に、突然大学の教壇に立って講義ができるんだろうかと問題にした人が大部分であった。これは、ぼくにとっては予想もしない問題提起であったが、と言って反論するのはむつかしい。

しかし、若手の教官たち、とりわけひろたまさきをはじめ、皆ぼくの味方について、竹内人事を押し切ったのである。そして、やがて、竹内さんは突然現れて教授になるのであるが、どんなにぼくが苦労したかはわかっていただけなかったし、今でもわかっていただいていないと思う。また、わかる必要もない。何も竹内さんが悪いんじゃなくて、そんなことを問題にする教授会の方が悪いのだから。

進んだ文部省官房と『朝日新聞』

ところがここに予想もしないことが起きて、ぼくは全く当惑したのである。というのは、この人事、中学校の先生が、いきなり国立大学の教授になるというこの人事を、ビッグニュースだとして、息せき切ってやってきたのが、『朝日新聞』の岡山支局の記者であった。どうして、こういうことが起きたのですかと聞かれて、ぼくはあわてた。ぼくは特別のことだとは思わなかったからである。

ぼくは、逆にどうしてこれがニュースになるんですか、それに教授会の人事は極秘に行われるのに、どこから、誰がもらしたんですかとたずねたところ、「文部省の官房かららしいです。東京の本社から怒られましてねえ。お前たち、岡山大学ではすごい人事が起きているのに、岡山支局は何してるんだと叱られ、さっそくやってきたのです」と、かなりあわてた様子であった。

話を聞いてみると、文部省は、この異例の人事を大歓迎したらしいのである。文部省は、久しぶりに珍しい、いい人事だとしゃべってしまったので、それが『朝日新聞』に伝わったということらしい。最近の文部科学省は反動的なことばかりやっているが、当時の文部省は、大学の教授会より、はるかに前を行っていたのである。文部省はぼくの味方だったのである。

『朝日新聞』の記事はかなりセンセーショナルに出た。このためにぼくはひどい目にあったのである。ぼくは教授会で追及された。お前がニュースをもらして売名に走ったんだろうと。そこで、「いや、もらしたのはどうやら文部省だったらしいんです。文部省はいい人事をやったと歓迎しているようですよ」と答えるしかなかった。

畸人の哲学者・安藤孝行教授

竹内人事に反対した安藤さんは多芸多趣味の超教養人だった。ドイツ語やギリシア語を読むだけでなく、漢文も和文もよくし、日本の古典の『和漢朗詠集』のようなものを自ら作り、それに独特の装丁をほどこす装丁家でもあった。その上画家でもあった。岡山に近い、瀬戸内海に突き出た岬だか島のようなところを買い取って、硝子張りのアトリエをかまえて住んでいた。そこにはかれが描いたヌードの画がずらりと並んでいた。ここにモデルの女たちを招いて描いたのだそうである。

かれは趣味も相当なものだが、オランダの名門出版社ナイホフから、アリストテレスを扱ったような哲学書を二冊も出していた。

日本であるとき、世界哲学者会議のような催しがあって、世界中から、えらい哲学者が集まった。そこで、ノルウェーのある有名な哲学者が、日本で一番えらい哲学者は誰ですかと聞いたところ、安藤さんは即座に、「それは私です」と答えたらしい。するとその哲学者はあきれて、ではその次にえらい方はどなたでしょうかと聞いたところ、安藤さんは平然と、「それはいません」と答えたそうである。

安藤さんの超俗ぶりは、本になっても伝えられている。それは白崎秀雄『当世畸人伝』（新潮社、一九八七年）で、ここで七人の畸人が紹介された中に、六六ページもついやして、この人のことがくわしく述べられている。それを読みなおしてみると、なんとぼくが登場してくるではないか。その一節をここにうつしておく。「岡山大学在職中の安藤は教授会の席上、急に怒声を発して退場するやうなことが、一再ならずあつた。あるときの教授会では威勢のいい言語学の田中克彦に、議論の末怒鳴りつけられ、安藤が急に悄気かへつたこともあつたといふ。元同僚のフランス文学の田邊保の言である」。田辺さんはパスカルなどをやっていた人で、若いにもかかわらず、その頭は風格あるはげへの進行を予想させていたこともあって、ぼくは何となく、えらい人だなあと思っていたが、こんなふうにぼくのことを他に伝えていたとは知らなかった。そしてまた、ぼくがあの安藤さんに向かってどなりつけ、しょげかえらせるような名句を吐いたなんて全くおぼえていない。この本によると、安藤さんは一九八四年、七四歳で京都の岩倉で亡くなられたそうだ。

竹内さんを教授にお招きしてからほどなく、一橋大学から割愛願い（ある大学から、ある教官を手放して自分の大学に「割愛してほしい」と伝えることをこう言う。一般に、求められた大学は願いを断れない）というものが来て、ぼくは一橋大学に移ることになった。それでまた、ぼくの後釜に来る助教授を選ばねばならなくなって、岡山大学の言語学人事はまた忙しくなったのである。

一橋大学へ移る

最初の教授会と南博さん

岡山大学ではいい同僚にめぐまれて、何一つ言うべき不満はなかった。亀井先生は、一橋大学のご自身の後任にとぼくをすすめておきながら、一橋に来てもつまらないよ、君は岡山にいた方がよほど楽しいか知れんがね、とおっしゃったのは本当だった。あとで一橋の先生たちから聞くところによると、先生は、ぼくの人事が教授会で摩擦なく受け入れられるようにと、ふだんの言いたい放題の発言をつつしみ、おとなしくされていたそうだ。

ぼくにとって、一橋大学社会学部における言語学は、文学部の言語学とはちがった特別な役割を持っているという大きな緊張感をもって授業にのぞんだ。授業科目にも、言語学と並んで社会言語学という名をかかげた。これは、日本の大学では最初ではなかったかと思う。しかし、意気込みとその結果とは同じではないから、ぼくは、いつも無力感とあせりにさいなまれていた。

最初の教授会では、東京外語で起きたのと、同じようなことが起きた。教授会の部屋に入ったとたん、入口に近かったこともあって、そこに座っていた南博さんが、あなた、ここに来なさいと、ご自分の隣にぼくを招かれたので、すなおにそこに座った。

何が話題だったかおぼえていないが、古巣にもどってきたという安心感も手伝って、ぼくは、勢い込んで、何か発言しようとした。そのとたん、南さんは、ぼくの腕に手をかけて、強くおしとどめるようにした。そして、こうささやいたのである。「あんた学問したいんでしょう。そういう人は、こういうところじゃしゃべってはいけないんです。何か役があたっちゃうよ。そうしたら勉強できなくなるよ」。そのおしとどめ方があまり強かったので、この人本気でそう言っているのだと感じた。南さんのような都会人とちがって、ぼくのようないなかっぺいは、ともすれば、中学校の校長さんのようにまわりから持ちあげられていい気になり、その期待に添うかのようにふるまいかねないおそれがあることを自分で知っていた。

南さんの育ちとぼくはまるでちがうから、そのまま呑み込むようなわけにはいかないけれども、「あなたは学問する人じゃないか」とたしなめられたことばは、一橋在任中、機会あるごとにぼくの中によみがえってきて、論文の評価に意見を言う以外は、手をあげそうになるぼくを制止したのである。

入試科目の外国語をめぐっての議論

一橋大学に移って二、三年したころから、雰囲気が大きく変わりはじめた。どういうふうにかと言えば、それはいまのところ表現しにくい。具体的な例をあげよう。南さんが、いかん、しゃべるなと言っても、だまっていられないことが起きる。

社会学研究科では入試の外国語に二言語を課したのを、一言語に減らそうという提案があってそのとおりになった。この二言語試験は、この研究科にとって重要な態度表明であった。ぼくがそれに悩まされて、フランス語とロシア語で受けなければならなかったことはすでに述べた通りだった。

入試の外国語を減らせという主張を最も強く表明したのが佐々木潤之介だった。この人は東大出身で、東大に優秀な日本史研究者が育つのは外国語をやらさないからだ。研究の成果をあげるためには外国語の負担はじゃまになるばかりだ、というのである。さらに、古文書を読むのも一種の外国語読解にあたるというので、日本史専攻の受験者は外国語そのものがなくなったように記憶する。

佐々木さんよりさらに過激だったのが中国史の溝口雄三だった。かれは、自分は中国語の知識だけで世界を渡りあるいている。研究上、それ以外の言語を必要としたことは一度もない。そもそも、英独仏など西洋語をやるのは植民地根性のあらわれだ！　と言ったのである。しゃべる本人にとっては、かなりいい気分の議論だ。乱暴なこんな意見にぼくがほとんど反論しなかったのは、かれがダンスがうまいのを知っていたからだ。ダンスの技術は外国語一つの知識くらいには匹敵するとかねがね思っていたからだ。この人は数年して、東大に移っていった。

亀井先生も、一橋は「舶来上等主義だ」と言って、日本研究がもっと大切にされなければならないと主張されていたから、佐々木さんとかなり気脈の通ずる位置にあったけれども、亀井先生は、あの該博な西洋諸語の知識をそなえた上での話である。

外国語の学習はよほどのマニアでもないかぎり、わずらわしい仕事だから、それに力を注ぐことが研究上のじゃまになるという意見は、それなりに拝聴すべき点であるが、といって、こういう意見がはずかしげもなく通るようになったのは、あの大学紛争当時と同じ雰囲気によるものと感じないわけにはいかなかった。植民地支配言語だから、オランダ語を授業から追放しようと言った外語の学生の主張と溝口雄三のセリフはほとんどちがわない。

では外国語などほとんど知らなくても、母語の英語だけでやれるアメリカの学問が最もすすんでいるかと言えば議論の分かれるところだ。この問題はうすっぺらのように見えて案外根が深い。

日本の知的傾向は、大筋で見ると、日本語ナショナリズムの段階を経て、さらに英語単色主義に向かっているように思われる。実務的にはそれでもすむかもしれないが、本質的に考えるとどのようになるか。言語学をやるぼくにとっては、「人間にとって言語とは何か」という全人類的な問題に行きつくことになるのである。

ぼくはこの人たちにうらみをもって回想しているのではない。むしろなつかしさをもって回想しているのである。そして議論をつづけたかったのに、まず佐々木潤之介が、次に溝口雄三が、二人ともさっさとあの世に行ってしまった。

この一〇年来ぼくの健康を観察してくれている紫芝良昌が、ぼくを診ながら感慨ぶかげにこう言ったことがある。外国語をいくつもやる人は老い方がおそいのかもしれないねと。

ぼくは、それほど自信たっぷりではないけれども、この説に同意したい。外国語の学習をばかにする人は長く生きられませんよと。もし長く生きることに価値があるならばの話だが。

一九七九——八〇年のドイツ、フィンランド留学

一九七九年から一年間、ぼくは在外研究のチャンスを得た。この貴重な一年間をどのように使う

か。前半はふたたびボン大学で、後半はフィンランドのヘルシンキで過ごす計画を立てた。

その頃、ぼくの家族はどうだったかと言えば、娘は高校一年を終えて二年生になるところ、ボン生まれの息子は中学一年だった。母親は病気がちだった。しかしぼくは迷わず、全員を連れて行くことにした。通常の家族であれば、進学などでむつかしい子どもを海外に連れだそうなどと考えるはずはないのであろうが、ぼくには、二人の子どもに病身の母親をあずけていくことはできなかった。だから、たとい旅の途中で倒れるようなことがあっても、ぼくには三人ともまとめて行く以外の道は考えつかなかったのである。

しかも、今回計画したドイツまでの経路は途方もないものだった。まず北京まで飛ぶ。そこから鉄道でウランバートルへ、ウランバートルからは、イルクーツク—ノヴォシビルスクを経てボンまで行くというものだった。道中、子どもたちの母親にもし何かが起これば、そこに墓を作って、先にすすむ決心であった。

このような異様な家族を旅先の人たちはどのように迎えてくれただろうか。まず北京の人たちが示してくれた親切は忘れることができない。市内のどの食堂だったかおぼえていないが、子連れ一家の話を聞いて、おねえさんたちが心から歓迎してくれた。デパートで出会った朝鮮人の女性の親切もまた、身にしみるものだった。

目的地のボンで、ぼくは、ハルトードが集めてそのままになっている現代モンゴル語彙のカードを、モンゴル語＝ドイツ語＝日本語の辞書にすることを考えた。

前回六四—六六年のボン滞在中、親しくつきあったハルトードが、大変な執念を傾けて現代モンゴル語彙を集めていたことを知っていた。かれはウランバートルでの出版物をほとんど網羅的に集め、それをかたっぱしから読んで、かれの知らない語彙をたんねんにカードにとっているようすを、ぼくは日夜目にしていた。

現代モンゴル語については日本にはいい辞書がない。そのほとんどすべてが、モンゴル語・ロシア語対訳辞書の、ロシア語部分を日本語に訳しただけの、単なる焼き直し辞書だからである。ハルトードさんのは、ネイティヴ・スピーカーが、現代モンゴル語のテキストを読んで、そこから集めてきたものだから、ほんもののオリジナル辞書となるべきものである。ハルトードは一万二〇〇〇くらいを集めたと言ってカードを見せた。ところが業なかばにして、一九七八年かれは世を去ってしまった。その翌年の一九七九年にぼくはボンを訪れて、そのカードを引き受けて辞書にするつもりだった。できあがれば、世界で最もいい辞書になるはずであった。

しかしボンに着いてすぐに、洋子夫人にそのカードの心当たりについて尋ねたところ、家には残っていないとのことだった。

それでは研究所に残っているのだろうか。研究所に行ってハイシヒにその話をしたところ、かれは最後まで聞かずにカンカンに怒りはじめ、そのカードが残っているとしたら、あなたが口を出すべきものではない、ハルトードがここで残した仕事はすべてドイツの財産であって、あなたには手をふれさせないと宣言した。いや、そういう問題ではなくて、かれは、ドイツ語よりは日本語が得意なので、意味は日本語で説明をしている。だから、それにドイツ語を加えて出版すればいい。出版は日本でもドイツでもかまわない。とにかくハルトードの仕事に日の目を見せたいのですと言っても、激昂のあまりハイシヒは聞く耳をもたなかった。そんな仕事をハルトードはこっそりやり、その成果を自分が知らなかったことに対する怒りであったかもしれない。

ところがこんなに激しく争ったのに、研究所にもまた、カードは見つからなかった。そして、そのハイシヒも二〇〇五年には亡くなった。

最近、桜美林大学につとめる都馬《とば》バイカル君（日本名を都馬としたのは、かれがトゥバ族の流れだと知ってぼくが考案したものだ）がボンに行って、ハルトードの家族のことをしらべてくれたが、カードの行方は明らかでない。困ったことに、しばらく前、あの洋子夫人も亡くなったとのことである。カードはどこにあるか。ロンドン大学でモンゴル学を教えていたチャールズ・ボーデンは一九九七年、それまでのモンゴル語辞書を一新するようなすぐれた『モンゴル＝英語辞典』を出版した。見出し語は二万六〇〇〇語というから、格段に語彙数が多いわけではないけれども、各項目の説明は、ネイティヴ・スピーカーの視野に沿った、たいへんすぐれたものである。ボーデンはボン大学で博士号をとった人だから、ハルトードとも親密なつきあいがあり、この辞典の成立にはハルトードの協力があったことを冒頭に記している。それにもかかわらず、ハルトードが亡くなった時、やはりカードの行方を知らず、「かれの、あの学問的遺産がどうなったかを知ることはできなかった」と記している。ぼくはいくつかの情報から推定がつくけれども、ここではふれないでおこう。

子どもたちの学校問題

ボンで住んだ家の近所にある、アルント・モーリッツ・ギムナジウムを訪れ、校長さんに会って事情を話し、滞在は一年に満たないのに、すぐに子どもを学校に受け入れてもらった。時間割に「宗教」という時間があって、聖書の勉強をするらしい。聖書は持つと重いから、学校に置いておくのはわかるが、あとの教科書もすべて学校に置いておくのがドイツの学校のならいだ。日本のように教科書を子どもが買うのではなく、いわば学校の備品のようになっている。また、「宗教」はあっても、「音楽」の時間がないのは意外だった。ドイツは音楽の国だと思われているが、学校の教科の中にはなく、それぞれの家でやるものらしい。そのせいか、日本の子は、誰でも歌がうたえるのに、ドイツ人には歌のうたえない人がめずらしくない。ぼくが高校生だったときに、フランスの労働組合の代表がやってきて、会いに行った時、若くてかわいらしい女が、「ラ・マルセイエーズ」を、最初から最後まで通して調子っぱずれでうたったのにはびっくりした。歌うというのがどういうことか、全くわかっていないのである。シャンソンの国なのにねえと。フランスの学校にも音楽の時間はないのであろう。

そのかわりにラテン語の時間があった。それで、ぼくもこの機会にと思って、息子のラテン語の予習・復習を一緒にやった。ドイツの子どもも、ラテン語はゼロからやるのだから、息子も、ドイツ語はできなくとも、ラテン語ならある程度まではやれた。

娘の方の授業には、インフォルマーティク（情報学）に「アルゴリズム」という学科があり、そのアルゴリズムという本を読むのを手伝おうとしたが、ぼくには歯が立たなかった。娘はこれには相当な関心を示したが、ぼくの方がだめだった。今思うと、これはコンピューター学の基礎のようなものだった。

子どもたちの母親の方は、道中無事だったが、慣れているはずのボンに不調で、また家主のおばさんとの間にいろいろトラブルがあって、ぼくはとても困った。家主のおばさんは、借りたぼくたちの部屋の鍵を持っていて、留守中に鍵を開けて入ってきて、清潔に使っているかどうかを調べるのだった。日本では考えられないことだが、家族の秘密は守られていなかった。ドイツの誇る清潔の権化のようなおばさんで、清潔のためには人が死んでもいいというような人だった。とりわけ、台所の電気コンロのまわりがうるさかった。そして、あんたの妻はまるでツィゴイナー（ジプシー）のように不潔だとののしった。妻は時に失神して台所で倒れることがあり、いたしかたないことであった。

娘はその頃、アマチュア無線の通信機を組み立てて、世界中と交信するのを楽しみにしていたが、アンテナを外に出すのは許さんと言われ、やむなく窓ガラスの内から、必要なものを貼りつけてしまいだが、それも留守中部屋に入ってきて発見されてしまった。こういうドイツ女の前ではユダヤ人やジプシーはたいへんだったろうなあと想像した。

母親の突然の帰国

こうしていろいろなストレスが家の中に充満し、蓄積した。子どもたちの母親はこういうのに特別弱い。とうとう一二月に入って、クリスマスが近づいた頃、こんなひどい家族とは一緒に住めない。一人だけで日本に帰ると宣言した。この人は言いだしたら聞かない。これは彼女自身の性格なのか、その親たちの伝統なのか、親たちの会話のし方には、言い出したら人の意見は聞こうともしない、一種問答無用の雰囲気があった。

「こんなひどい家族」とは、ぼくと二人の子どもを指している。ことはささいな、ドイツ語の勉強法の議論からはじまった。彼女は一つでも多くの単語をおぼえることが優先すると主張し、ぼくは、単語をやたらにおぼえただけでは話せるものではない。少ない単語でも、使いかたをフレーズにしておぼえることが必要だという。どっちもそれぞれ大切だが、二人の子どもたちが母親を支持しなかったのが気に入らなかった。こうした、自分の主張が通らないからといって、家族をすてるまでと言いきるのは、ずいぶんと信念のある人だとは言える。

いろいろとなだめてみたものの、「一生に一度だけ私にもわがままをさせてください。すぐに帰りたい」と言うので、しょうがなく、ルフトハンザの日本までの片道切符を申し込んだ。驚いた。こういう急な切符は片道で、当時の日本円で三八万円だった。

節約して、ケチケチためたお金をすべて吐き出して、ママの切符を買おうということになった。翌日、家族みんなそろって、フランクフルトの空港内のホテル――こんなぜいたくな泊まり方ははじめて――に泊まり、その翌日、見送った。私たち全員の見送りに対して、ママは振り返りもせず、あっという間に搭乗口の方に消えてしまった。

その後まもなく、クリスマスのパーティーのようなものがあった。パーティーのために贈りものの準備をしなければならない。娘はどこかに行って、赤いローソクを何本も買ってきて、それにナイフで模様を彫って準備した。何という気のきく娘だろうと、ぼくは感心した。その中の一本をぼくはまだ手もとに持っている。赤い色は三五年のあいだに白っぽく色あせてしまってはいるが。

それからどのようにしてクリスマスと正月を過ごしたかはおぼえていない。岡山大学にドイツ人教師としてやってきた人の奥さんは日本人だった。その夫婦とは、岡山では親しくつきあわなかったが、この時は、かれらが比較的近くに住んでいると知って訪ねていった。雪の日だった。ぼくは、恥ずかしくて、こんなことを言えないのだがと、奥さんに妻が日本に帰ってしまったと告白すると、田中さん、そんなこと、気にしなくていいのよ、ドイツではめずらしくないわ。でも出ていくのはたいてい男の方で、男が子どもと残されるのはめずらしいけどねと言ってくれた。

しかしこんなことがあっても、ぼくは、毎日、フォルクス・ホッホシューレ、すなわち「国民大学」という市が運営する夜学に通ってフィンランド語を勉強した。

フィンランドに向かう

二月一日だったか、ぼくと二人の子どもは鉄道でヘルシンキに向かって出発した。鍋、釜をはじめ、家具や本は先に郵便で送り出したが、それでも身のまわりの荷物をいっぱいぶらさげて、ケルン駅からスウェーデンのストックホルムに向かった。ストックホルムからは船に一晩泊まって、ボスニア湾からフィンランド湾に入り、夜の凍った海を船はバリバリと音を立てて氷を割りながら、トゥルクに上陸した。ぼくと二人の子どもは、きちんとしたベッドのある客室に泊まったが、夜、船底の三等客室に行ってみたところ、まるで移民船のように雑魚寝だった。ある者は泣いて、悲しい歌をうたっていた。たぶんこのフィンランド人たちは、スウェーデンに出稼ぎに行って帰っていくところだろうと想像した。トゥルクからさらに汽車でヘルシンキ駅に着いた。ちょうど二月三日、娘の一七歳の誕生日だった。

ヘルシンキでぼくの家族の住む部屋をさがしたり、万端の世話をしてくれたのは、そこに住んでいた、ブリヤート・モンゴル人のニーナ・ツィベーノワだった。これは、ぼくが直接知っていたと言うよりは、ユハ・ヤーンフネンの紹介だったかもしれない。ユハは人も知る有名なアルタイ学者で、日本語すらも話す。

フィンランドは人口五〇〇万ちょっと超えたくらいの小さな国だが、いろんな面で世界から注目されている国である。この小さな国が世界の多くの国々とどう交流しているかと言えば、かなりの大きな部分が民間に任されているか、委託されているらしい。ぼくの滞在中に、モンゴルから代表団が来た時、ニーナはその接待を受け持ち、ぼくたちも呼ばれた。ニーナはフィンランド・モンゴル協会のようなことをやっていた。

ニーナはレニングラードで勉強していた時、そこに留学していたカーリと知り合って結婚していたが、彼女は、ロシア語とモンゴル語のほかにフィンランド語もみごとに話していた。ほんとに有能なブリヤート女性であった。

彼女の世話で、ヘルシンキ大学の寮に住むことができた。大学寮は、三つか四つくらいの個室と、それに付属する食堂のような共同部屋がついて一つの単位になっていて、そこで食事は一緒だった。ぼくたちは家族部屋のようなところに入った。各階にはサウナがついていた。

娘は近所の小さな店に行って野菜や食料品を買い入れて来て食事をつくってくれた。かわいそうなことになってしまった。

ぼくはヘルシンキ大学のフィンランド語の授業に出た。二〇〇人はいたかもしれない大きな教室の最前列に、いつも四人そろって、胸に金日成バッジをつけた男の学生たちが並んでいて、かれらとはフィンランド語で話した。聞いてみると北朝鮮からの留学生だった。


ぼくはここで、ユハ・ヤーンフネンの世話で、ラムステット文庫をしらべ、かなりの量のモンゴル語文献のコピーをとった。内容を見ると、かれは単に言語学的資料のみならず、現代モンゴル語が形成されていく過程に関心を寄せていたことがわかる。過程に関心を寄せるということは、政治的であるということになる。

ラムステットは初代公使として一九二〇―二九年、日本に滞在中にエスペラントと民俗学をひろめた人として知られている。東京で行ったかれのエスペラント講座には宮沢賢治も出席していた。そのことはいろいろなところで書いたので、ここでくり返すことはやめる。所蔵品の中にもしかして柳田国男からの手紙がないかと気をつけていたが、それはまだ整理されていないとのことだった。

どこの国でも、そのようなナマの資料は、自国の若い研究者が業績をあげるためにとっておき、簡単に外国人には見せないものだ。日本語関係のものは、ヴェステリネンという日本研究者が管理しているので、さがしてみるとの答えだったが、結果は聞かずじまいだった。

研修生のやっているホテル

母親がいない父親としては、子どもたちに何とか罪ほろぼしをしなければいけなかった。ぼくはかれらにオーロラを見せてやるとか、トナカイの群れを見せてやるとか言いながら実行できないでいた。ラムステット文庫の調査やそのほか、やるべきことがあまりにも多かったからである。

でも、自分のためにもなるから、旅に出かけた。その時に泊まったホテルで最も興味深かったのは、ロヴァニエミ——ここから北極圏がはじまる——の街にあったホテッリ・オッピポイカ（Hotelli Oppipoika）である。オッピとは学習、ポイカは青年、見習いといったような意味であり、「研修中の見習い生がやっているホテル」ということになる。案内書には、研修生がやっているので、お客さまはどうぞ、気がついたことはどんどん注意してやって、指導してくださいなどと書いてある。そうとなれば、こっちも気楽である。ワインはとてもまずかったけれどもくつろいだ。

そしてこの冬のフィンランドへの旅と滞在は、ぼくが全生涯で二人の子どもと、水いらずで一緒に過ごした、最後の時間となった。

文部省在外研究員という制度

ぼくは、この一年間の留学の過程で、何が起きても受け入れる覚悟をして日本を出たことはすでに述べた。二人の子どもの学齢期のことを考え、またその母親の精神・身体的な条件を考えてやめるべきだったのかもしれない。ぼくの二人の子どもも、いまではもう五〇歳になったが、やはり、父親はかなりな無理を押してやる、思慮のない常識はずれの人間だと思っているようだ。かれらは普通の世間の家庭を知るとともに、常識ある人ならこんな無謀な外国旅行はやるべきでなかったと思っているらしい。その方が理性的だったかもしれないが、ぼくは、そのような困難をおしてでも、与えられた機会を徹底的に利用するのが研究者というものだと心に決めていた。そして、海外研修というのは、教官当人が希望するのであるとはいえ、最終的には文部省の「命令」としての辞令がくだるのである。ぼくがまだ東京外語にいる頃のことだった。つまり、戦後間もない頃だったが、三か月の研究留学が決まったものの、どうしても日本を出るのがいやで、熱海の旅館に潜伏して過ごしたという人がいたという話を聞いた。それにしても、そんなことはパスポートを見ればばれてしまうのに、どうしてごまかせたのだろうか。ふしぎに思う。しかし、ぼくはそのようにして、外国に出るのをいやがった、当時としてはめずらしい人を、むしろ奥ゆかしいと思ったものである。

Q君のばあい

だが、今日のように外国旅行がかんたんになっても、誰もが誰も、外国に行く機会を得たことを喜ぶわけではないという、こうしためずらしいばあいがあることを知った。一橋大学社会学部の言語学は、長らくぼくが一人で担った。ありがたいことに、もう一つ席ができたので、その貴重なポストにQ君を招いた。かれは言語学そのものではなくフランスの言語についての思想のようなことをやり、さらにイタリアの言語状況に関心を抱くようになったらしい。そういうかれのところに、一年間の研修留学の順番がまわってきた。チャンスだ！　ぼくは、かれの研究が、ここで一大飛躍することを夢みた。

ところが、何ということだ。Q君は海外に行きたくないと答えたという。ぼくはその頃、もう一橋は定年でやめていたから、もはや「上司」として、かれに圧力を加えることはできなかった。Q先生が留学に出るよう何とかしてくれないかと、何人か、幹部級の同僚がぼくに訴えてきた。なかでもよくおぼえているのはドイツ語担当の新井皓士《ひろし》であった。「Qさんが留学するように、何とか説得してくれませんか」と。

ぼくは思いあまって、Q君の父上に手紙を書いた。息子を大学に就職させてほしいと、あんなにぼくに熱心に頼んできたあの父上のことだから、息子が海外に勉強に出るのを望まないはずはないと思ったからである。

ところが意外なことに、Q君のみならず父親もともにぼくのことを怒ってしまい、それ以後、二人ともぼくに何も言ってこなくなってしまったのである。Q君は、自分がどんな論文を書いたか、どんな本を出したか、その後ぼくにいっさい知らせず、また贈ってこなくなって今日に至っている。

いったい何が起こったのか、――どうやら心ひかれる女との一年間の別離が耐えがたかったとしか想像する以外にはない。その女がぼくに告げたところ、Qさんはこないだも「あなたを愛している。待っている」とまた誓ったのよという話なのである。彼女には夫も子どももある身であることを考えれば、今のようなこの世に、現実にあろうとは思われない純愛物語である。かれ、もしくはかれらにとっては、一年間の別離は耐えがたいことであることは理解しようと思えばできることはできる。このような愛をつらぬく道を決然と選んだことには、賛嘆を惜しまぬところだが、ぼくとしては、そしてやっとこさ充実しはじめた一橋の言語学にとっては、甚だ困ったことなのである。そこに向かってぼくが、「行け行け」と言えば言うほど、かれは、ぼくが「女と離したがっている」

と思うにちがいないから、また父親も、ふびんな息子のためにぼくのことを呪うであろうから、ぼくは黙っているしかなくなったのである。

ここでぼくは、忘れることなく、孔子さまの次のことばを引いておきたい。

子曰、「士而懐居、不足以為士矣」。(『論語』憲問第十四)

これは「子イハク、士ニシテ居ヲオモフハ、モッテ士トナスニ足ラズ」とよみくだし、魚返《おがえり》善雄は「男が家を恋しがっては、男いっぴきの資格がなくなる」と訳している。ぼくは外国にいて心細くなると、二五〇〇年も昔のこの人のことばを思い出して自らを励ますことにしている。家は時に学問の足をしばるものであることを今の若い人々はしっかりと胸に叩き込んでおいてほしい。

聞くところ、その後何年かして、Q君は二か月ほどどこかで短期の滞在をして、文字どおり、「お茶を濁した」らしい。そして、大学の広報誌のようなものには、学生諸君、学生時代になるべく海外に出るという経験をしたまえなどと書いているところを見ると、かれは自ら放棄してしまった経験のことを悔いているふうに見える。とにかく若い時代の一年間の武者修行は、会いたい研究者、訪れてみたい研究所、図書館など、数えきれないほどのメニューに満ちているものなのである。

篠原一《はじめ》さんの意見

ここでぼくは、ボンで一緒だったのみならず、その住んでいたアパートの部屋をひきついだ篠原一さんの話を思い出す。

ぼくが留学を二年に延ばしたいという切なる希望をかれに話したところ、二年なら大丈夫だよ、もっとも東大法学部なら三年だっていられるんだがね。ただし東大でも、ほかじゃだめだよ。法学部じゃないとね――なんて言い放ったのはいや味だったけれども、しかしその話も実際にその通りならば、別に篠原さんその人が悪いわけじゃちっともないんだが。

で、ぼくが篠原さんに感心したのは、次のような話だ。篠原さんも小学生くらいのお嬢さんを伴っての留学だった。当時、お嬢さんは健康がすぐれず、よく吐き気をもよおして困っていると奥さんからもうかがっていた。しかし篠原さんは、ぼくにきっぱりと言ったのである。家族がどんなに病気でも一緒の方がいいんだよと。ぼくはこのことにとても勇気づけられた。

子どもや足手まといな家族がいるせいで、単身気楽な留学では気づかぬ、ドイツ社会の多様な面とふれあうことになるのである。たとえばぼくはドイツの病院――まず男の子が生まれた――とつき合わざるを得なかったので、いろいろな医療・医学用語を知っている。また学校のことも知っている。

子どもを学校に受け入れてもらうと、ぼくはいきなり投票でＰＴＡの役員みたいなことをやらされたのである。日本も最近はこうなっているかもしれない。留学生たちの子どもも、小学校などでうまくやっているという話を聞いてうれしくなる。留学は一人だけでやるものじゃない。親にも子どもにも、それぞれの留学があり、それぞれ学ぶべきことがあるんだとぼくは思っている。

とにかく、一九七九―八〇年の一年間のボンとヘルシンキは、ぼくの家族のその後に深い痕跡を残した。しかし、そのような選択をするのがぼくらの世代の、またぼく自身の特徴であり、他方、現代の常識に合ったQ君のような選択の方がより理性的で、何よりも個人の生活を重んずるのが民主主義の世代らしく、正常であるかと言えば、必ずしもそうとも思われない。最近では、学生すらもが海外留学に尻ごみする傾向があると聞くから、日本の学問もあやういものだ。

しかし人間というものは、いつもその人間にふさわしいように行動するものだと思うしかない。ぼくのこの自伝も、こうした気持ちをありのまま書くしかないのである。

ぼくが二人の子どもを連れて無事成田空港にもどった時、このすべてを知っていた東京外語時代の同僚、河島英昭が出迎えに来ていた。そしてそこからちょっと離れたところには子どもたちの母親が、まるで葬儀の会場に来たような様子で立っていた。河島は、二こと三こと、ことばを交わしてから立ち去った。ぼくたちの家族もまた見かけの上では回復したのである。

中京大学への就職

ぼくは一九九八年三月に一橋大学を定年でやめた。六三歳になったからである。じつのところは、その二年前に、もうどうしても大学をやめたくなっていた。大学の改組で、ぼくは社会学部から言語社会研究科という新設の大学院に移ったのであるが、この新設の大学院大学は出発の時点から理想を欠き、教員の処遇だけを考えて設けられたらしい、ぼくにはわけのわからないところであった。定年が近づくと、もう自分も研究者をやっていくのにもあまり先がないから、研究者にとって、ほとんど無意味な「学務」のために自分をすり減らすことなく、もっと時間を大切にしなければという気持ちがますます強くなっていくからである。何かある一つのことをやるには、短くとも二年はかかる。その間にきちんとした論文を書かねばと思うものである。とにかく、二年というのは仕事をまとめるには短すぎるけれども、一つの単位になり得る。

しかし実際は、定年までつとめてしまった。だから、せめて定年後は、決して再就職すべきではないと心に決めていた。定年の一年くらい前に、図書館の事務長さんから、東京に近いところの、ある女子大に行かないかとさそいを受けた。いや、ぼくはもうやめようと思っているくらいですからと答えたところ、いや、定年までつとめなければだめです。そうでないと新しく大学には就職できませんよと念を押された。その人はぼくを買ってくれたのだし、とても親切だったから、申しわけなかったが、お断りして、定年後そのまま結局職につかず二年が経過しようとしていた。

ところがそこに鈴木道子さんという人が現れて、私のいる名古屋の中京大学に来ませんかとすすめられたのである。

ぼくは、その頃、八〇過ぎても、せっせと大阪の大学に非常勤で通っておられる、東京外語時代の恩師、徳永康元先生に相談した。先生は、むぞうさに、行ってみたらどうですか。ただし、名古屋に住んではいけません。学部長にでもされてしまったらどうするんですか。何もできなくなりますよと答えられた。

鈴木道子先生に最初に連れられて行ったところは、名古屋でも中心部の八事《やごと》という便利至極なところにある中京大学本部の所在地であった。しかし本当につとめなければならなかったのは、名古屋からさらに一時間ほども電車に乗り、さらにそこからバスに乗って、豊田の方まで行かねばならないところだった。

ある時その校舎のまわりを散歩していたら、キジに出会った——それほど田園風景に恵まれたところだった。その豊田キャンパスには社会学部と体育学部があって、浅田真央さんだの室伏広治だの、有名な選手たちのホーム・グラウンドだった。

しかしぼくには、そこへの通勤は難儀だったが、とにかく四年間何とかつとめた。道子先生があれこれとぼくをかばって、負担を軽減させるように尽力されたおかげであった。

ところが中京大学では困ったことが起きた。ぼくが中京大学で教えるようになったからというので、そこを目ざしてやってくる大学院生が何人かいた。しかしその人たちを引きうけたために予想もしなかったことが起きた。とりわけ東京のある大学でぼくの授業を聞いた学生の一人が、東京のどの大学院にも入れなかったからというので、引きうけたために起きたできごとのわずらいは大きかった。しかしそれらの詳細については、ここで述べることはさしひかえたい。書けば新しい別の本が必要になるからである。

あとがき――この自伝、中断の弁

この自伝は、ぼくが相つぐ三つの国立大学でのつとめを終えた後、なおも中京大学で教えはじめたところでひとまず終わる。完結したわけではない。中断の理由は、何よりも疲れたからであり、疲れると無理して書くから、心に余裕がなくなり、ウソが入りやすくなるからである。

と言って、中断するから、本にして出すのも先に延ばせばいいかと言えば、そうもいかない。この自伝執筆中に、読んでほしいと期待していた人の筆頭に来るはずの安丸良夫が、四月四日にこの世から立ち去ってしまった。かれはぼくより一日早く生まれただけで、ぼくとほとんど同日に、この日本列島の「裏日本」――この語がどんな意味をもっているかは、古厩《ふるまや》忠夫の『裏日本』（岩波新書）で知っていただきたい――に生を享けた人だから、ぼくにはたいへんこたえた。かれに読ませるつもりで張り切って書いてきたのに。次いで六月六日に、長くわずらって病院にいた子どもたちの母親が息をひきとった。そして九月一二日には、本書のまえがきで登場していただいた加藤九祚さんがウズベキスタンに発掘に行き、アフガニスタンとの国境の町、テルメズの病院で亡くなった。加藤さんはあの人に最もふさわしい場所で生涯を閉じた。九四歳だった。

こうした成りゆきを見ていると、あまりのんびりとかまえてもいられない。もたもたしていたら、せっかく書いたこれが紙くずのままになってしまうのも残念な気持ちがする。国際会議にもひるまず出席して論争し――論争すべきことがますます増えて行く一方だ――、うらみの本を書きあげたら心を落ちつけ、四、五年たったら、ふたたびこの自伝の執筆に立ちもどり、今回書けなかったことを書きつづけたいと願っている。

二〇一六年　晩夏

田中克彦

わ行

ま行

や行

ら行

さ行

人名索引

著者紹介
田中克彦（たなか かつひこ）
1934年兵庫県生まれ。東京外国語大学モンゴル語学科、一橋大学大学院社会学研究科、ボン大学・中央アジア言語文化研究所（フンボルト財団給費）でモンゴル学、言語学、民族学、文献学を学ぶ。一橋大学名誉教授。社会学博士。著書に『ことばと国家』『ノモンハン戦争――モンゴルと満洲国』『「シベリアに独立を！」――諸民族の祖国（パトリ）をとりもどす』（以上、岩波書店）、『漢字が日本語をほろぼす』（角川SSC新書）、訳書に、ウノ・ハルヴァ『シャマニズム――アルタイ系諸民族の世界像』（平凡社東洋文庫）などがある。

田中克彦自伝――あの時代、あの人びと

2016年12月7日　初版第1刷発行

著　者　田中克彦
発行者　西田裕一
発行所　株式会社平凡社
〒101-0051　東京都千代田区神田神保町3-29
電話　03（3230）6579［編集］
03（3230）6573［営業］
振替　00180-0-29639
印　刷　藤原印刷株式会社
製　本　大口製本印刷株式会社
装　幀　小泉 弘

NDC分類番号289.1　四六判(19.4cm)　総ページ292
ISBN978-4-582-83748-3
平凡社ホームページ　http://www.heibonsha.co.jp/